KB088976

명랑 육아
필살 생존기

# 명랑 육아
# 필살 생존기

김희연 지음

한국경제신문*i*

# 목
# 차

## PART 1. 명랑 육아 생존기
– 명랑함과 유쾌함으로 무장해 살아만 있으라

## PART 2. 명랑 육아의 기원
### – 사랑은 흔적을 남긴다

## PART 3. 명랑 육아의 난제
### – 내적 불행 없는 엄마도 육아는 힘들다

## PART 4. 명랑 육아의 선물
– 육아에 명랑함을 더하면 벌어지는 마법

## 에필로그

**PART 1**

# 명랑 육아 생존기

명랑함과 유쾌함으로
무장해 살아만 있으라

# 비장 육아 vs 명랑 육아

한 엄마가 서 있다. 시릿발에 적장 앞에 선 장수처럼 마음이 비장하다. 기골은 장대하고 기세는 위풍당당하다. 이 아이에게 절대로 상처를 주지 않으리라. 좋은 엄마가 되리라. 내가 오은영이요, 방구석 서천석이다. 내 절대 이 아이에게만은 최고의 것을 주리라. 엄마는 주먹을 꽉 쥔다. 눈에서는 불꽃이 타오른다. 내 죽어도 육아를 하며 죽으리. 오늘이 세상의 끝날인 듯 이 아이만 보리. 너는 나의 알파와 오메가, 나는 너만의 우주. 비장함에 주먹이 절로 쥐어진다.

또 한 엄마가 있다. 이 엄마는 아이와 그저 '함께' 있는

11

다. 마음속 행복의 기운이 아이에게 전염되기를 바라며, 함께 눈을 마주치며 웃는다. 우리가 함께한 시간의 힘을 믿는다. 적당히 힘 빼고, 최대한 웃고 즐기려 한다. 오늘 하루만 엄마로 사는 것이 아님을 안다. 어제도, 오늘도, 내일도 나는 엄마다. 육아는 장거리 달리기다. 자기 페이스를 지킨다. 무리하지 않고, 내가 아닌 모습으로 지나치게 애쓰지 않는다. 다만 명랑함을 유지한다.

두 엄마는 모두 나다. 모두 우리다.

엄마들은 비장 육아와 명랑 육아 사이를 수시로 횡단한다. 하루에도 몇 번씩 모드를 전환한다. 그래야 한다. 비장 육아로 마음을 다잡고, 명랑 육아로 텐션을 끌어올린다. 나와 아이의 컨디션, 육아를 도와줄 실제적 자원, 그날 하루의 조건들을 고려해 최고의 배합을 녹여 낸다.

우리에게는 비장 육아와 명랑 육아 모두가 필요하다. 엄마가 행복해야 아이가 행복하다는 말로 실은 아이를 방치하고 싶을 때(다행히 우리 집 상호작용 중독자는 쉽게 방치를 허락하지 않는다. 감사~하모니카~), 으레 그런다는 이유로 아이에게 자유롭게 버럭하고 싶을 때 내 마음을 잡아줄 비장 육아가 필요하다. 아이의 하루는 어른의 1년이라는 적당한 비장함이 필요하다.

인간을 낳았다는 것의 엄청난 책임감과 중압감이 느껴질 때, 덕질을 좋아하고 책 읽기를 좋아하던 평범한 소녀가 '엄마'로 엄청나게 변태했음이 피부로 와닿을 때는 그저 이 순간 아이와 즐겁게 생존하기를 택해야 한다. 유쾌하게 버텨야 한다. 억지로, 안간힘을 써서라도 명랑함을 유지해야 한다.

오늘도 난 너와 함께 있다. 난 너의 좋은 엄마이자, 네 곁에 있는 사람 중 가장 즐거운 사람이고 싶다. 태어난 김에 사는 것이 아닌 가장 가까이서 인생을 즐기는 사람으로 함께하고 싶다. 그렇기에 오늘도 온 힘을 다해 "사랑해"라고 말하고, 네 앞에서 수시로 개다리춤을 춘다. 몸이 닳아 없어질 만큼 너를 안고 어루만지며 뜬금없는 상황극을 시전한다.

오늘도 너와 함께 이 길을 걷길 택한다. 지나친 비장

함과 책임감에 쓰러지지 않으면서도 너의 소중한 하루가 사랑으로 꽉 채워질 수 있도록. 나로 인해 아이의 모든 것이 결정된다고 매 순간 주먹 쥐진 않지만, 지금 네가 행복한지 제법 진지하게 고민한다. 세상에 얼마나 신나는 일이 많은지 도록도록 빛나는 네 눈을 보며 이야기한다. 새로운 기회를 가져올 매일매일을 두근거리며 맞길 선택한다.

적당히 비장하게, 적당한 명랑과 유쾌함을 온몸에 장착하고서. 너와 함께 오늘도 유쾌하고 명랑하게 생존하길 택한다.

# 뽀로로에 대한
# 의문과 고찰

그대는 뽀통령이라 불리는 뽀로로에 대해 잘 알고 있는가?

1. 뽀로로의 키가 184cm라는 것을 아는가? 그중 머리만 90cm라는 사실도 아는가? (머리와 몸의 비율이 일대일이라니, 정말 황금 비율이 아닐 수 없다.) 포비는 키 290cm에 몸무게 2,000kg의 기골이 장대한 거인임을 알고 있는가? 이런 거대한 피지컬을 가지고도 자상하고 온유한 품성을 가진 것을 인정하는가? 그는 하루가 멀다 하고 싸우는 친구들과 달리, 매 순간 온순하며 푸근하다.

#성격미남 포비

2. 뽀로로는 일찍이 알 없는 안경과 헬멧을 믹스매치하는 천부적인 패션 감각을 가진 펭귄임을 알고 있는가? 최근 펭수가 치고 올라왔다지만, 여전히 펭귄계의 스타임을 인정하는가?

3. 뽀롱뽀롱 마을에는 어째서 부모가 같이 살지 않는가? 처음에는 서로 다투던 아이들이 시간이 갈수록 성장하고 변화하는 모습을 보인다. 루피는 패티를 질투했지만 둘은 친한 관계가 된다. 크롱은 갈수록 말이 는다. 역시 부모가 곁을 떠나야 아이들이 잘 자라는 것인가?

4. 아이의 시간표가 되어 함께 살아본 엄마들은 알 것이다. 어쩌면 이렇게 끊임없이 놀고, 놀고 또 놀 수 있는지. 계속 놀다 보면 배도 좀 고플 만도 하고, 잠도 좀 자고 싶을 만도 한데 어쩌면 이렇게 하루 종일 끊임없이 놀이를 할까. 그 에너지, 몰입, 지속성은 정말 놀랍다. 놀이력이 학습력이 된다는 소리를 차치하고라도 마지막까지 소진해 버리는 생의 에너지를 보는 것만으로 가슴 뻐근한 행복이 느껴지곤 한다. 노는 게 제일 좋은 우리는 뽀로로가 아닐까. #뽀로로와 우리의 연결고리

5. 뽀롱뽀롱 마을은 펭귄, 공룡, 북극곰, 비버, 새, 여우, 벌새, 용, 심지어 로봇도 함께 어울려 산다. 서로의 다름을 인정하고 조화롭게 살아간다. 'We are the one'의 정신이 넘쳐난다. 진정한 박애주의자이자 똘레랑스의 산 증인들이랄까.

6. 내용물 상관없이, 겉 포장지에만 뽀로로를 등장시켜 구매를 자극하는(같은 말로 현혹시키는, 또 다른 말로 사기를 치는 듯한) 뽀로로야말로 진정한 창조경제이자 K-산업의 일등 공신임을 인정하는가.

7. 이래도 저래도 우리 아이들을 바닥에 꼼짝없이 앉아있게 하는 명실상부 뽀통령님의 혁혁한 공을 그대는 인정하는가.

# 죽림칠현 방구석
# 매력녀

육아만 하다 늙어 죽을 것 같았던 시절.

정신없는데 지루하고, 피곤한데 절대 자기는 싫고, 사람을 만나고 싶지만 어디론가 증발되고 싶기도 했던 아이러니가 늘 함께하던 시절.

세상을 왕따시키며 아이와 둘이 지냈다. 물론 그렇게 하지 않아도 되었지만, 자의로 선택한 삶이었다. 내 아이는 예민했다. 누군가와 함께 지내도 괜찮을 만큼 무난하지 않았다. 아이의 컨디션을 온전히 챙기기 위해서 홀로 있길 택했다.

누군가와 함께 있으면 모임이 엉망이 되거나, 내 아이

가 엉망이 되었다. 누군가와 함께면 아이를 섬세히 돌볼 수 없었기에, 핵인싸의 자리를 겸손히 탈퇴했다. 모두 나를 그리워할지라도 그리했다(허언증인가? 과거라 좀 더 미화했다. 그 정돈 아닌 걸로). 이른바 자발적 아싸(아웃사이더)가 되었다.

어느날, 독야청청 지내는 내 모습을 보며 죽림칠현 같다는 생각을 했다. 죽림칠현. 현실에 타협하지 않고 자연에 은거해 청담을 나누던 도가적 사유방식을 지닌 현자들.

그렇다. 난 유배를 당한 것이 아닌, 스스로 은거를 택한 것이다.

이렇게 아이와 둘이 산에서, 들에서, 천에서, 자연을 논하고 사유하는 것이 기쁘지 아니한가.

실제로 아이와 도가의 현자들처럼 살았다. 오전에 아이와 숲에 가면, 정말 통째로 숲을 빌린 것처럼 아무도 없었다. 우리만의 세상이었다. 우리는 눈을 마주치며 말 없이 몇 시간이고 땅을 팠다. 개미 뒤꽁무니를 마음껏 쫓아다녔다. 흙 바닥에 드러누워 구름이 지나가는 것을 쉴 새 없이 구경하기도 했다. 아주 큰 구름이 지나갈 때, 시원한 그늘이 만들어지는 것을 온몸으로 느꼈다.

외롭지 않았다고 하면 거짓말이지만, 결코 힘들기만 한 것은 아니었다.

아니, 단연코 행복했다고 말할 수 있다. 다 지나가서 일지, 추억은 으레 미화되기 때문일지 모르겠지만, 여전히 생각하는 것만으로 그립고 달콤하다.

천하가 어지러울 때 벗끼리 어울려 청담, 즉 맑은 이야기를 나누며 우정을 키우던 죽림칠현처럼 그때 너와 나는 세상과 벗어나 홀로 고요했다.

세상의 시끄러운 소리가 끼어들 수 없었고, 현실이었지만 현실적이지 않았다.

세상에서 정한 시간표를 벗어나, 예교(禮敎)의 구속에 얽매이지 않는 자유로운 삶을 살았다. 죽림칠현으로, 옹녀처럼 살았던 그때의 시간을 견뎠던 것은 아주 작은 내 믿음이었다.

내 비록 지금은 단벌 신사로 아이와 흙 파고 구르고 비비탄 주으며 땅거지처럼 살고 있지만, 내 원래는 학식과 매력이 넘치는 사람이오.

내 비록 지금은 방구석에서, 숲에서, 들에서 육아만 하다 곧 노파가 될 것 같소만 내 원래는 학식과 매력이 넘치는 사람이란 말이오.

(점차 울컥해진다. 울분이 차오른다.)

어쨌거나, 밑도 끝도 없었던 믿음에 보답하듯 그때 했던 나의 망상을 이렇게 책으로 전할 수 있어 무척이나 기쁘다. '방구석 죽림칠현 매력녀'는 여전히 방구석에서 컴퓨터 화면이나 노려보고 있지만 말이다.

# '엄행아행',
# 절반의 진실

'엄행아행'이라는 진리가 있다. 엄마가 행복해야 아이도 행복하다는 말. 수많은 시행 착오와 실험 결과, 이 역시 '한계 효용의 법칙'을 따른다는 결론을 도출할 수 있었다. 어느 시점까진 맞는 말이나 어느 정도 양이 차면 아이의 총만족은 체감한다. 다음은 가설을 증명해낸 과정이다.

때는 코로나19로 온 국민이 타발적 감금을 하던 시기. 파워 밖순이 딸과 '거리의 시인들' 모드로 살던 우리 모녀는 특히 더 힘들었다. 노느라 밥도 잘 안 먹고, 잠도 없이 14시간을 깨어 있는 아이와 하루 종일 함께 있는 것은 쉬운 일이 아니다. 특히 둘이 함께 '행복하게' 있기는 더욱 그렇다.

그래! 엄마가 좋아하는 일을 하자. 내가 행복해하는 일을 하면 아이에게도 나의 행복이 전염될거야. 엄마가 좋아하는 것을 마음껏 하기로 했다.

블루투스 마이크로 노래 부르며 춤을 춘다. K-홍녀에게 노래방 신이 강림한다. 흥이 차오른다. 가슴이 웅장해진다. 살맛 난다. 진심으로 행복한 순간이었다. 아이는 소리를 지르며 춤을 추는 엄마 옆에서 같이 춤을 췄다. 엉덩이를 뒤로 쭉 빼고 뒤뚱뒤뚱 했다. 티라노 사우루스처럼 짧은 팔을 허우적거린다. 저세상 귀여움이다. 진짜 살맛 나는 인생이로구나. 역시 엄마가 행복하면 아이도 행복하구나.

마음 놓고 상모 돌리듯 고개를 흔든다. 이 세상은 사라지고 춤을 추는 우리만이 남은 듯, 진정한 물아일체의 경지에 이른다. 아쉽게도, 그 순간은 길지 않았다. 막 두 돌 지난 아기는 짧고 어눌한 발음으로 나를 보며 정확하게 말했다.

"이제 노대(노래) 그만! 춤 도디도디(도리도리). 이제 그만!"

고개를 좌우로 힘차게 흔든다. 짧고 통통한 두 팔로 엑스자까지 만들었다. 못 들은 척 계속 춤을 췄더니 내 다리를 꽉 잡고 고개를 들어 눈을 마주치며 또다시 말했다. 어찌나 단호한지, 춤추던 내가 민망해질 정도다.

"응, 알았어. 이제 그만하자. 엄마가 미안해."
머쓱타드.

30분간 극락의 행복을 맛보았다. 아이는 그 정도면 충분했나 보다. 다시 아이가 고른 뽀로로 유치원 놀이와 블록 놀이를 한다. 아까보다 훨씬 만족하며 행복해한다.

그 외, 검사 결과의 신뢰성을 위해 엄마가 좋아하는 것을 다양하게 변주해보았다.

리코더를 연주해서 핸드폰에 녹음하고, 녹음된 곡과 2부 합주하기

CD 틀고, CD랑 화음 맞춰 노래 부르기

　문어놀이 : 문어처럼 바닥에 붙어 있기

　응급실놀이 : 의식을 잃어 꼼짝도 안 하고 누워 있기

만 하는 손님(물론 손님은 엄마다) 치료하기

다 실패했다.

엄마는 행복했지만, 아이는 행복해하지 않았다.

엄행아행은 반은 맞고, 반은 틀리는구나.

가설 증명 끝.

# 교감 놀이

장난감이 없어도, 언제 어디서든 할 수 있는 놀이가 있다. 엄마의 몸과 눈빛만 있으면 할 수 있는 '전천후' 교감 놀이다. 쉼 없는 역할놀이로 머리가 하얗게 세기 직전일 때, 아이가 좋아하고 엄마도 행복해지는 교감 놀이를 하자(엄청난 건 아니지만 다 모아 보면 꽤 유용하다고 우격다짐 해본다).

## 1. 아기의 소리를 무조건 따라 하기

많이들 알고 있는 방법이다. 아기가 내는 모든 소리를

따라 한다. 침 흘리는 소리, 뭉개는 귀여운 발음까지 그
대로 따라 해도 좋다. 아기가 소리를 멈추면 멈추고, 시
작하면 시작한다. 표정, 동작도 거울처럼 똑같이 따라
하면 금상첨화다.


## 2. 뜬금없이 깜짝 놀라는 표정 지으며 감탄하기

"아 깜짝이야! 이렇게 사랑스러운 사람이 있다니. 너
무 귀여워서 깜짝 놀랐잖아. 제발 조심 좀 해줄래?"
아이를 보며 '소스라치듯' 놀라면 더욱 효과가 좋다.
일부러 가슴팍을 부여잡으며 한껏 오버하자. 진심을 담
아 뼛속까지 아이의 존재를 감탄해보자.


## 3. 온몸에 차례차례 뽀뽀하기

아이와 누워 뒹굴 때 할 수 있는 놀이다. 아이의 몸에
구석구석 도장을 찍자.


27

엄마는 너의 동그란 이마를 사랑해(쪽).

엄마는 네 동그란 눈이 너무 예뻐(쪽).

엄마는 네 귀여운 코를 사랑해(쪽).

부풀어 오른 네 배가 너무 좋아(쪽).


머리-어깨-무릎-발-엉덩이-눈코입 구석구석 온몸에 사랑의 자욱을 남기자. 네가 사랑스러워서 못 견디겠다는 진심을 두 눈에 가득 담고서 말이다.


## 4. 아기의 온몸 간지르기 & 배방귀

3번의 심화 버전이다. 아기의 몸을 간질이고 입으로 부우우~ 배방귀를 뀐다. 간지럽혔다. 멈출 때의 팽팽한 긴장감을 즐기자. 아이가 먼저 소리 지르거나 뛰쳐나갈 수도 있도록 포즈(Pause)를 살리자. 강약 조절, 호흡의 주도권을 아기에게 맡기자.

## 5. 눈빛 탁구(핑퐁) 하기

눈을 마주치고 다양한 표정을 주고받는다. 공중에 뽀뽀를 남기며 눈웃음을 짓는다.

오? 엥? 롸? 하는 이상하고 웃긴 표정도 괜찮다. 아이의 반응을 보고 세심하게 따라가자.

## 6. 아기 귀에 속삭이기 & 바람 넣기

아기에게 꼭 전할 말이 있다고 가까이 간다. 속닥속닥 이야기 하다 후~ 바람을 넣는다. 엄마가 둘 중 어떤 것을 할지 기다리게 한다. 아이는 간지러움을 참느라 어깨를 귀에 붙이며 파워 숄더 자세를 취할 것이다.

## 7. 엄마의 모든 행동에 흥 스피릿 담기

엄마가 나의 DNA에 새겨주신 흥 스피릿을 발휘한다. 엄마를 생각하면 늘 떠오르는 그림. '가방을 둘러멘~ 그 어깨가 아름다워' 김세환 아저씨 노래를 하며 설거지를 하던 엄마의 뒷모습. 아무 이유 없이 춤추면서 걸어오던 그 모습처럼 아이와 함께 있는 모든 순간에 흥을 정성껏 담는다.

교육학에는 '잠재적 교육과정'이라는 것이 있다. 숨은 교육과정, 내현적 교육과정이라고도 한다. 의도적으로 드러난 교육과정이 아닌 은연 중 전달되는 태도, 가치, 신념 등의 정의적 영역을 의미한다.

집안일을 할 때, 아이와 놀 때, 아이를 씻길 때, 밥을 먹을 때 때로는 감성을, 때로는 흥 스피릿을 담는다. 노래도 하고, 뼈가 탈골되도록 춤도 춘다. 아이에게 전달하고 싶은, 아이의 삶에 사부작사부작 스며들었으면 하는 메시지는 하나다.

삶을 진심으로 사랑하고 즐기는 엄마.

때로 마주 교감하는 것이 힘들 때는 이 무드를 한껏 뿜어낸다. 같은 공간에서 따로 또 같이 교감하는 우리만의 방법이다.

오늘 내 육아가 유난히 메마르고 잿빛일 때, 쩍쩍 갈라질 때 조금씩 다양한 색채와 적절한 윤기로 활력을 더하자. 엄마의 유쾌함 한 스푼에 아이는 더 행복해질 테니까.

# 코로나19에서 살아남기
## – 정신 줄을 살짝 놓아야 버틴다

때는 2021년 7월. 급격한 코로나19 확산과 델타바이러스 감염 증가로 확진자가 1,600명을 웃돌았다. 매일 도장 깨듯 확진자 수를 경신했다. 사회적 거리두기는 최고 단계인 4단계가 되었다.

방학을 몇 주 앞두고 초중고 수업은 모두 온라인 수업으로 변환했다. 나 역시 아이를 보내지 않고 세 돌까지의 일상처럼 가정보육 체제로 전환했다.

방학까지 장작 4주간의 시간. 미션은 엄마와 아이 모두 온전히 살아남기(온전한 정신과 육체의 보존. 제발).

외출도 전혀 못한 채, 아이와 또다시 둘이 남게 되었

다. 게다가 날씨는 어찌나 더운지, 기록적인 더위였다. 숨만 쉬어도 폐로 더운 공기가 가득 들어왔다. 나의 인내심을 믿지 말고, '에어컨'의 힘을 믿자는 평소의 지론답게 24시간 에어컨이 돌아갔다.

어린 시절의 놀이부터 엄마들의 십시일반 아이디어를 모은 각종 '엄마표 놀이'를 시전한다. 순간순간 재미있고, 보람도 있었다.

그래 맞아. 어렸을 때 이렇게 종이 인형으로 옷 갈아입히기도 하고, 정말 좋았어. 이 종이 한 판이 100원인가 그랬는데, 너무 재미있었어. 정말 옛날 생각난다.

추억이 소환된다. 없던 육아 효능감이 솟구친다. 아이와 함께 추억을 공유하는 좋은 엄마라는 착각이 올라온다.

나는 관대하다. 나는 온유하다. 아이 엠 쥐에너러스(I am generous).

하나님께서 나의 오만함을 보시고, 강제 겸손을 명하신다.

"으앙. 인형 목이 부러졌잖아! 엄마 때문이야! 인형 목이 덜렁덜렁거리는데 엄마가 자꾸 옷을 갈아입히니까 그렇잖아!"

아이는 또 세상 만물의 부조리함을 내 탓으로 돌린다. 억울하다. 사랑하는 아가야, 그러니까 누가 계속 인형 목을 꺾으라고 했니? 왜 1초 전의 네 행동을 기억하지 못하는 거니?

억울해도 할 수 없다. 4살 아기는 누구나 메멘토다. 아이니까 짜증내고 떼를 쓴다. 엄마는 아이를 안전하게 받아주는 누울 자리여야 함을 안다. 마음과 목소리를 최대한 가다듬고 말했다.


"그랬구나. 우리 딸. 인형 목이 덜렁거리다 부러져서 속상했구나. 엄마가 테이프로 붙여줄게. 그럼 다시 튼튼해질 것 같은데? 자! 어때? 이제 괜찮지?"


'구나구나'무새가 되어 아이의 마음을 안전하게 받아주었다. 다행히 아이는 금방 잊고 놀이에 집중한다. 자, 이제 내 마음만 다스리면 된다.

집에 있는 몇 안 되는 음악 CD 중 하나를 꺼낸다. 무려 〈90년대 최고 인기 댄스 가요〉. 까이유, 맥스앤루비, 슈퍼심플송이 붙박이처럼 돌아가던 DVD 플레이어에서 DVD를 꺼냈다. 댄스가요 CD를 넣는다. 볼륨을 높인다.

지금은 아무것도 생각하지 않는다. 내가 있는 이곳이 나의 스테이지요, 오직 이 음악의 비트만이 나를 숨 쉬게 할 뿐. 두둠칫, 두둠칫.

아이는 이상하게 돌변한 엄마 옆에서 한참 춤을 췄다.

사실 생각할수록 두렵다. 집 밖의 세상은 너무나 혹독하다. 그야말로 팬데믹이다. 언제쯤 일상을 되찾을 수 있을지 그립고 지친다. 그렇다고 엄마인 내가 손톱을 뜯고 초조하게, 무기력하게 있을 수는 없다. 바깥에서 칼바람이 불어도 내 품에서는 봄날처럼 포근하게 안아줄 수 있어야 한다. 최전방에서 경계 근무를 하는 군인인 양 군기를 바짝 내본다.

내 두려움과 쫄림은 마음 깊숙이 숨겨둔 채, 네 곁에서 유쾌하게 웃어본다. 정신 줄을 놓으며 명랑하게 생존하길 선택한다. 내 부모가 내게 그랬듯, 너를 지키기로 결단한다.

# 닭이 먼저인가
# 달걀이 먼저인가

여성학자이자 유명한 육아서의 저자이기도 하신 박혜란 할머니.

《믿는 만큼 자라는 아이들》, 《다시 아이를 키운다면》, 《모든 아이는 특별하다》는 내 인생 육아서다. 아이들을 존중하며, 자유롭고 느리게 키우자는 그녀의 육아관은 매 순간 내게 영감을 준다. 세 아들을 모두 서울대에 보냈다는 아웃풋 때문도, 여성학자로서의 화려한 이력 때문도 아니다. 이렇게 세련되고 지적이신 분이, 푸근한 동네 할머니들처럼 말씀하시는 것에 반했다.

아이를 흙에서 물에서 실컷 놀게 하고, 많이 안아주

고, 자기가 하고 싶어 하는 대로 내버려 두라고. 좋은 엄마가 되려면 먼저 좋은 사람이 되라고. 육아관은 결국 부모의 살아가는 방식과 다를 바 없다고. 지혜와 관록이 묻어나는 현명한 조언에 힘을 얻는다. 그녀가 실은 '어린이 행복 선언'을 읽고, 아이의 첫 기관으로 공동육아 어린이집을 택하기도 했다.

좋은 부모 아래 멋진 자녀들이 자란다는 것은 명백한 사실이다. 어머니가 박혜란이었으니, 이적 같은 아들이 자랄 수 있지 싶다.

그러나 그의 아들 이적이 누구인가.

〈무한도전〉 못친소 페스티벌의 '맹꽁이' 이미지에 잠시 잊혀졌지만, 그는 명실상부 천재 싱어송라이터다. 이른바 타고난 사람이다. 재능 있고, 천부적인데 노력까지 해서 최고가 될 수밖에 없는 인류들. 그는 의식 있는 아티스트다. 그의 SNS에는 일상의 언어로 삶을 깊이 관통하는 지혜와 통찰이 넘친다. 철학가의 면모를 가졌다. 음악뿐 아니라 문학, 미술 등 모든 분야에 조예가 깊다. 한마디로 그는 '천재'다.

AM 6:00이면 시계같이 일어나 쌀을 씻고 밥을 지어

호돌이 보온 도시락통에 정성껏 싸

장대한 아들과 남편을 보내놓고 조용히 허무하다.


그가 어머니를 생각하며 중학교 3학년 때 쓴 〈엄마의 하루〉라는 제목의 시라고 한다. 무려 소설가 박완서에게도 극찬을 받았다. 이쯤 되면 '이런 자랑스러운 아들이 어디 있나?' 하는 소리가 절로 교회로 나온다.


어머니가 박혜란이고 아들이 이적이라니. 아들이 이적이고 어머니가 박혜란이라니!

'닭이 먼저인가, 달걀이 먼저인가'처럼 풀리지 않고, 풀 수도 없는 난제다.


누가 누가 더 존재감이 큰지, 누가 더 자랑스러운지 대결하는 저 멋진 모자 관계를 보라. 늘 막상막하로, 앞서거니 뒤서거니 서로를 빛내는 존재인 저들이 참으로 부럽다. 엄마가 박혜란이라니 얼마나 자랑스러울까. 내 아들이 이적이라니 얼마나 고맙고 감사할까.

'내 아이야, 이적이 되거라! 음유시인 천재 맹꽁이 예술인으로 자라거라' 하기 전에, 일단 내가 박혜란인지 먼저 살펴보자. 자기 성찰과 반성을 게을리하지 않는 엄마가 되자.

#앞서거니 뒤서거니
#누가 더 자랑스러운가
#느그 어머니 뭐 하시노

# 육아 어벤져스

남편은 참 좋은 아빠다. 아이와 즐겁고 편안한 시간을 보낸다. 육아를 힘들어하거나 버거워하지도 않는다. 딸과 물 흐르듯 평온하게 시간을 보낸다. 남편은 언제나 믿고 맡기는 최강 육아 메이트다. 물론 이렇게 되기까지, 많은 시행착오가 있었지만.

다음은 유구하고도 무궁했던 육아 어벤져스 결성 비하인드 스토리.

조리원을 나와 집에 오던 날. 생후 검진 때문에 방문한 종합 병원에서 감기를 얻고야 말았다. 생후 한 달도 안 된 아기가 말이다. 마침 주말이라 조리사 아주머니도 며칠 후 오실 예정이었다. 육아 경험 전무한 생초보 엄마, 아빠에게 감기 걸린 신생아를 돌보는 일은 너무나 가혹한 일이었다. 누워 있으면 코가 막혀 숨 쉬기 어려 워했기에, 24시간을 세워 안고 있어야 했다. 산후조리사 아주머니가 가셔도 새벽 육아는 계속 되었다. 그런 날들 이 며칠, 몇 주씩 계속되었다.

아직도 들으면 심장이 뻐근하니 미묘하게 슬픈 모빌 노랫소리. 둘이서 몇 날, 며칠을 완전히 잠도 못 잔 채 번갈아 아기를 안던 기억. 미친 듯이 우는 아이를 보며 나도 같이 덜덜 떨며 하던 코끼리 뺑코. 한 달도 안 되어 종합 병원 응급실 2번, 동네 병원을 3차례나 갔다. 무서 웠고, 힘들었고, 안쓰러웠던 기억들이다. 어떻게 지나갔 는지, 어떻게 견뎠는지 생각이 안 날 만큼 아득하다.

그때부터 현실 육아는 시작되었다. 둘이서 헤쳐나가 야 했다. 결코, 녹록지 않았다. 남편과는 낮잠을 재우는 방식, 아이에게 반응하는 횟수와 강도로 부딪쳤다. 함 께 있는 시간이 좀 더 활력 있고 버라이어티하길 원하 는 나와, 그냥 조용조용 물 흐르듯 있길 원했던 남편. 얼마나 수많은 잔소리 ASMR(Autonomous Sensory Meridian Response, 뇌를 자극해 심리적 안정을 유도하는 영상)을 시전했는지. 마임하는 사람처럼 복화술로 화내고, 무음으로 잔소리하기.

피곤함과 중압감은 갈수록 커졌다. 피아식별에 실패해, 서로를 공격하기도 했다. 특히 '재우기 전쟁'이었던 돌 전에는 더욱 심했다(돌 이후에도 아이는 여전히 자지 않았지만, 우리의 대응 방법이 달라졌다).

어느 순간 정신이 들었다. 이러면 안 된다. 이 사람은 전투 육아의 소중한 전우다. 우리는 아군이다. 병력 손실을 최소화하자. 지혜로워지자.

시간은 흘렀고, 나도 남편도 서로 내려놓음을 배웠다. 내 방식을 말하는 횟수를 줄였고, 남편은 나의 말을 좀 더 경청했다. 강력 엄마 껌딱지 시즌을 지나 아이가 아빠와의 시간을 즐기기 시작하자 상황은 나아졌다. 이전에는, 아이가 내 껌딱지라는 사실 그 자체로 남편에게 이유 없이 화가 났기에 더욱 그랬다. 한때 나의 욕받이였던 그대에게 심심한 사과의 말씀을 아뢰옵니다.

아빠가 아이를 맡은 시간에는 아빠의 육아 결정권이

한층 강화되었다. 부드럽게 양도되었다. 육아 자율권을 존중하게 되었다. 내려놓음을 배웠다. 남편도 아이의 아빠이고, 누구보다 딸을 가장 사랑하는 사람이다. 나보다 훨씬 더 잘하는 부분도 유심히 보게 되었다. 역할놀이를 굉장히 심층적으로 하는구나, 참 잘 반응해주는구나.

점차 긍휼의 필터를 끼고 남편을 보게 되었다. 참 좋은 아빠라는 것이 보였다. 힘들게 퇴근하고 와서도 꼭 아이와 놀이 시간을 갖는 노력과 애씀이 보였다. 아이가 아빠와의 놀이를 즐기고 기다리는 것이 고마웠다. 나와 남편의 육아 색채가 달라서 다행이라는 생각이 들었다. 아이와의 시간을 웃음과 진한 교감으로 채우는 나와, 함께하는 시간 속에서 한결같은 사랑을 전하는 아빠의 사랑이 잘 어울려짐에 감사했다.

서로를 인정하며, 진정한 한 팀으로 거듭났다. 완벽해서가 아니라, 우리가 엄마 아빠라는 사실이 중요했다. 아이에게 우리는 언제나 최고의 존재였다. 비로소 최고의 드림팀이자 완전체, 육아 어벤져스가 결성되었다. 아무리 부족해도, 아이의 세상에서 우리는 세계관 최강자

43

들이니까.

그렇게 육아 짬밥과 함께 전우애가 돈독해져 간다.

#제대는 대체 언제인가
#평생 말뚝 박을 셈인가

# 호들갑 육아

결혼하기 전, 대학원을 다닐 때였다. 5학기 종강 과제를 메일로 보냈더니 곧 답장이 왔다. '삶의 신비 앞에 날마다 경탄하는 선생님'이라는 제목으로.

교수님의 말처럼, 난 타고나길 감동도 잘 받고 표현도 풍부한 사람이었다. 이른바 감탄(이라고 쓰고 호들갑이라고 읽는)을 잘하는 사람이었다. 육아에 있어서 호들갑은 굉장히 큰 자산이었다. 매 순간 기를 쓰고 아이에게 감탄했다.

어머 뒤집었어! 뒤집으라고 했더니 진짜 뒤집은 거야? 진짜 신기해. 너무 대단해!

우와! 걸었다, 걸었다! 지금 진짜 걸은 거야? 너무 신

45

기하다. 눈물난다, 정말.

지금 "응"이라고 대답한 거야? 어떡해. 진짜 내 말을 알아들은 거야?

우리 딸. 지금 색연필로 동그라미 그린 거야? 가르쳐주지도 않았는데? 대단해. 진짜 잘 그렸어!


감탄과 호들갑이 넘치는 느낌표 육아.

거짓된 호들갑은 아니었다. 정말 아이의 모든 행동이 신기했다. 신기함을 느끼는 마지노선과 진입 장벽이 남들보다 현저히 낮았달까. 아이가 태어나기 전에도, 참 좋은 게 많은 나였다. 너~무 재미있고, 너~무 맛있고, 너~무 즐거운 것이 많았다.

비록 담백함은 없었지만 유쾌했고 감성으로 질퍽거렸다.


그렇게 신기한 눈으로 아이를 보고 존재를 감탄했다. 아이 인생의 모든 첫 목격자가 되어 힘써 응원했다. 발걸음마다 쏟아지는 응원에 자신감을 얻길 바라면서. 아이는 나의 호들갑을 기뻐해주었다. 코를 찡긋거리며 뿌듯해하는 표정, 그 표정이 예뻐 일부러 더욱 그랬다. 그

덕에 너와 내가 살았다.

가끔 아이가 나보다 금방 야무진 생활인이 될 것 같아 솔찬히 두렵기도 하다. 소근육 망(亡)인, 요리도 살림도 잘 못하는 엄마이기에 더욱 그렇다. 그래도 널 사랑하는 것과, 네 존재를 감탄하는 것만은 세계 최일류 엄마로 남아 있을게.

솔 톤으로 물개박수를 치고, 방청객처럼 단전에서 호흡을 끌어올리는 것이 때로는 민망하기도 하다. 그래도, 너에게 꼭 말해주고 싶다.

위험을 감수하고
도전을 받아들이고
사랑을 믿고
삶의 신비 앞에 날마다 경탄하고 감탄할 것.

삶의 모든 것을 늘 처음인 것처럼 감탄하고 기뻐하길.
경탄자의 삶은 실로 즐겁고 감사하니까 말이야.

# 아이의 드립력

딸에 대해 가장 자랑스럽게 생각하는 부분이 있다.

3살 때부터 한글을 줄줄 읽는다?

알파벳을 혼자 통달해서 깨우친 천재성?(해당 사항 없습니다)

돌도 씹어먹을 먹성?(좀 부럽네요)

잠을 혼자 14시간씩 잔다?(이건 많이 부럽네요)


모두 아니다. 정답은 4살 아이로서는 그저 탁월하다 밖에 할 수 없는, 군계일학의 '드립력'이다. 자, 지금부터 제대로 판 깔고 고슴도치 어미 버전의 이야기를 들려 드리겠다.

아이는 6개월 정도부터 장난을 조절할 수 있었다. 엄마와 까꿍놀이를 할 때, 언제 까꿍을 해야 할지, 언제 잠깐 멈춰야 하는지 그 타이밍을 기가 막히게 맞췄다. 어떻게 하면 온 가족의 웃음꽃을 더 만발하게 할 수 있는지 본능적으로 아는 듯했다. 아이는 숨을 죽이고 '캬캬' 웃는 웃음을 조절했다. 캬과 캬캬, 캬캬캬을 자유자재로 조정하는 센스를 타고났다. 온갖 바닥을 기어다니며 어디에 숨어 있어야 나의 부모가 가장 크게 웃을 수 있을지 미리 판단했다. 지략가의 면모가 돋보였다. 내 아기는 장난의 천재! 만세 만세!

아이의 유머 감각 및 쇼맨십은 날로 달로 무르익어 갔다.

돌잔치 날이었다. 돌잔치의 꽃인 대망의 돌잡이 시간이었다. 아이는 양가 할아버지 할머니, 엄마, 아빠의 호흡을 읽었다. 어떻게 하면 판을 생동감 있게 만들지, 틀을 깰 수 있는지 알았던 게 틀림없다. 아기는 자연스럽게 판사봉과 청진기를 동시에 들었다. 그리고 뿌듯한 표정을 지었다. 자, 어머니 아버지. 할아버지 할머니. 만족하셨나요?

두 돌이 지나 말을 하게 되자 아이의 천연덕 수준은 한층 높아졌다. 아이는 상황극에 강했다. 태연스러운 연기가 일품이었다. 언제 어디서나 갑자기 상황극을 시작해도 자연스럽게 맞받아쳤다. 엄마는 '정극' 스타일이 아닌 '희극' 연기를 즐겨 했는데, 아이 역시 지지 않았다. 어른을 잘 놀렸다. 능구렁이 같달까.

A의 행동으로 내가 웃으면 A', a 등으로 다양하게 상황을 변주했다. 남을 웃기기 위한 욕심도 컸다. 이상한 소리, 웃긴 표정, 뜬금없는 괴상한 행동, 일부러 놀리기 등등 다양한 기술력을 자랑했다. 웃음 포인트에 대한 이해력도 높았다(갈수록 가관이네요).

웃긴 표정으로 내가 쳐다볼 때까지 기다린다거나, 갑자기 '봐아아악' 하는 소리를 내기도 했다. 갑자기 혼자 방귀를 뿡 뀌고는, 5시간 거리에 사시는 할아버지를 혼내기도 했다.

"아이 하다버지! 방구를 크게 뀌면 어떡해? 놀랐쟈나!"

곧이어 나를 바로 위로했다.

"엄마 괜챠나. 포항 할아버지가 방구 꿔신 거니까 걱정하지 마!"

통통한 두 볼에 내가 또 장난을 쳤다는 뿌듯함이 가득했다. '엄마가 재미있어 하겠지?'의 마음이 그대로 드러나는 두 볼의 움직임, 씰룩씰룩. 너의 그 표정이 좋아 엄마는 일부러 바닥을 구른다. 온 거실에 깔아둔 매트를 탕탕 치며 웃는다. 이렇게 사랑스러운 널 어쩌면 좋니.

진심으로 그대로 자라나주면 좋겠다. 생각하면 괜히 기분이 좋아지는 사람. 밝고 명랑한 사람. 곁에 두고 싶은 사람, 자꾸 만나고 싶고, 보고 싶은 사람이기를.

+

들어주시느라 수고하셨어요. 자식 자랑은 돈 내고 하는 거라던데, 계좌번호 주시면 총알 입금해 드림.

# 달콤한 거짓말

마치 사물이 된 듯, 바위와 돌멩이가 된 듯, 병풍이 된 듯 부엌 한구석에서 믹스커피를 마시고 있었다. 홀짝 홀짝. 3분의 달콤한 휴식이다. 제발 나를 발견하지 않게 해주세요. 사물이 되게 해주세요. 완벽한 위장술을 시전한다.

"엄마! 나랑 토끼 놀이해요."
아이가 나를 부른다.

적진에 나의 존재가 드러났다. 실패다. 다시 역할 놀이가 시작되는 순간이다. 순간적으로 증발하고 싶은 마음이 든다. 안녕하세요. 저는 김신(도깨비)입니다. 제발 무(無)로 돌아가게 해주세요.

14시간 중 13시간을 토끼로 살아야 하는 피 토하는 내 심정을 그 누가 알까. 토끼와 함께 목욕하고, 토끼와 밥 먹어야 하고, 토끼와 책을 봐야 하는 네 마음은 알겠지만 인간으로서 존엄성을 잃고 싶지 않은 엄마의 마음도 헤아려주길 바라.

그렇지만 너의 무궁한 눈동자를 보며, 모성애와 인류애가 솟아난다. 나의 이 심정을 내 아이에게 알릴 수 없다는 독립군의 비장함이 솟아난다. 특단의 조치가 필요하다. 달콤한 거짓말이 필요하다.

"우아! 진짜 재미있겠다. 엄마가 너랑 얼마나 놀이하고 싶었는지 알아? 왜 엄마가 커피 마실 때 안 불렀어! 혼자서만 계속 놀 줄 알고 얼마나 기다렸다고. 이제 엄마랑 놀 거야? 진짜지? 너무 재미있겠다. 엄마는 너랑 놀 때 제일 행복하더라."

목소리와 눈빛에 최대한 진심을 담는다. 거짓이 담기면 아이는 나의 마음을 알아챌 것이다. 한껏 소리 높여

53

마음을 우겨보라. 의외로 진심처럼 느껴지기도 한다(내가 해봤는데. 진짜다).

"엄마 이것만 하고. 잠깐만"이라고 하지 않는다. 어차피 이래도 저래도 난 토끼가 될 운명이다. 그냥 한번 달콤하게 아이를 속여 보는 것도 괜찮다.

"엄마가 너랑 지금 너무 놀고 싶은데 왜 설거지를 해야 하는지 모르겠어. 엄마가 끝낼 때까지 절대로 먼저 놀이하고 있으면 안 돼. 절대로 절대로야! 알겠지?"

그럼 아이는 그런 나를 안쓰럽다는 듯 쳐다보며 위로한다.

"아이, 알았어. 내가 엄마 잘 기다려 줄 테니까 얼른 끝내고 와! 알았지? 너무 놀고 싶어도 참고."

물론 변하는 건 없다. 결국 엄마는 설거지를 하고, 아이는 엄마를 기다린다.

달콤한 거짓말 덕에 토끼가 되기 싫은 내 마음을 들키지 않고, 너는 설렘과 기대함으로 나를 기다리지만 말이다.

혹시 나중에 네가 책을 읽게 되면, 조금 더 자라게 되면 '안간힘으로' 하던 내 달콤한 거짓말을 알게 되겠지?

명랑 육아 필살 생존기

그때까지는 너를 조금만 더 속이도록 할게. 너를 많이 많이 사랑하니까.

# 아이에게 배우는 지혜와 관록
## (aka. 아이의 띵언)

**1. 길 가다 벌레가 갑자기 튀어나왔다. 소스라치게 놀라 소리를 꽥 질렀다.**

→ 아유, 엄마. 너무 놀라지 마. 벌레는 작고, 우리는 훨씬 크지? 벌레가 우리를 더 무서워 할 거야.

이성적으로 생각할 수 있게 현실을 일깨워 준다. 둘 중 누가 더 놀라겠니, 누가 더 위협적일까. 미안하다. 엄마가 너무 내 입장에서 생각하고 벌레의 입장을 헤아리지 못했구나. 엄마가 생각이 상당히 짧았다.

**2. 인형을 다 가져가기 힘들어, 까투리 인형 중 한 마리는 놓고 가자고 했다. 아이는 진지한 눈동자로 손가락을 휘저으며 내게 말했다.**

→ 엄마. 얘네들은 다 가족이야. 우리도 가족끼리 꼭 붙어 있어야 하잖아. 얘만 떨어져 있으면 얼마나 외롭고 슬프겠어. 우리가 좀 힘들어도 다 가져가야지. 자, 어서 들고 가자.

가족은 하나이고, 떨어져 있으면 안 된다는 진리. 우리가 힘들어도 아이들을 배려해야 한다는 따뜻한 마음. 결국 아이는 품에 인형 하나를 쏙 챙기고, 거미손 엄마는 팔에 주렁주렁 인형을 들고 가야 했다. 불쌍한 캐리어 인생.

**3. 아이가 누워서 내 목을 꽉 안는다. 온몸에 뽀뽀를 했다. 내가 하는 그대로 따라 한다.**

→ 아유, 진짜 예뻐. 우리 아기. 코도 예쁘고, 입도 예쁘고. 아이고, 예뻐라. 어떻게 요런 게 태어났지? 아이고, 예

쁘다.

어느 날부터 아이는 아기 놀이를 즐겨 한다. 물론 내가 아기고, 본인이 엄마다. "아가, 절대로 무서워하지 마, 걱정하지 마, 엄마가 도와줄게." 내가 자주 했던 말을 그대로 읊어낸다. 거울처럼 모든 것을 투명하게 비춰내는 모습. 귀엽고도 무섭다. 엄마는 항상 말조심, 입조심.


**4. 아이가 장난감을 찾고 있다. 매일 뭔가를 잃어버리고 찾는 것이 일상이다**(시지프스의 돌 같은 영원한 형벌. 매일 반복되는 굴레에서 제발 나를 꺼내주렴). **같이 찾아주지 않고 스스로 찾으랬더니 답답한 소리 한다는 듯이 말했다.**

→ 아유, 엄마. 같이 찾으면 더 금방 찾을 텐데. 빨리 같이 해. 시간을 아끼는 게 중요하잖아.

세 돌도 안 되었을 때의 일이었다. 이제는 논리로 못 당하겠구나. 맞다. 같이 찾으면 더 빨리 찾고, 우리의 시간을 아낄 수 있겠지. 이런 생각을 할 수 있음에 1차 충격, 정제되고 세련된 언어로 자신의 생각을 당당하게 표현할 수 있음에 2차 충격.

**5. 아이와 누워, 아이의 탄생에 대해 두런두런 이야기 나눌 때였다. 네가 와 준 것을 알게 되었을 때, 너무 기뻐서 소리를 질렀다며 상황을 재연했다.**

→ 엄마! 나도 배 속에서 이제 엄마 아빠를 만나는구나 싶어서 '야호' 이렇게 소리 질렀어. 그런데 내가 배 속에 있고 너무 짝아서(작아서) 잘 안 들렸지? 나는 어푸어푸 수영하면서 기다렸어.

밖에서는 엄마 아빠가, 배 속에서는 작은 네가 함께 기뻐하는 모습이 그려졌다. 물론 지나친 상상이겠지만 너무 아름다워 눈물이 났다. 우리는 서로를 기뻐하고 기다리고 있었구나.

**6. 아이는 지나가는 분들께 종종 큰 소리로 인사를**

드리고는 했다. 할아버지, 할머니, 아주머니, 언니, 오빠, 동생을 막론하고 인사를 했다. 누군가 인사를 받아주지 않으면 바로 이렇게 말한다.

→ 엄마, 내가 인사하는 소리를 못 들었나 봐요. 다음에 더 크게 해야지.

일부러 인사를 안 받아주었다는 생각은 전혀 하지 못한다. 전혀 못 들었다거나, 안 들렸다고 생각한다. 너의 세상은 참으로 안전하고 따뜻하구나.

## 7. 반대로, 누군가 인사해주면 이렇게 말한다.

→ 엄마, 할아버지가 인사해주셨어. 내가 너무 귀엽고 사랑스러워서 그래.

하늘을 찌를 듯한 너의 자존감. 참으로 고맙다.

너의 말에 자주 놀란다. 허를 찌르는 통찰과 지혜를

얻는다. 너는 나보다 따뜻하며 제법 어른스럽다. 작은
것에도 여지없이 친절하고 다정한 너의 넉넉함을 매일
배운다.

# 침 묻히기 육아

육아가 정말 하기 싫은 날, 제대로 안 되는 날. 역할 놀이도 싫고 사명감 넘치게 노는 놀이터 투어도, 반강제 야경꾼 노릇도 다 그만두고 싶을 때.

무조건 아이와 벌러덩 눕는다. 자꾸 일어나 도망치기 전에 못 일어나게 간지럽힌다. 온몸에 영역 표시하듯 침을 묻힌다. 문어 같은 입술로 아이의 몸을 쭉쭉 물고 빤다. 뽀뽀를 한다. 온몸이 닳아 없어지도록 만지고 주무른다.

일명 '침 묻히기 육아'다. 이래 봬도 몸빵 육아의 베이스이자 애착 육아의 원료다.

이마, 눈썹, 코, 입술, 턱, 배, 다리, 발가락을 하나씩 잡고 뽀뽀를 하며 내려간다. 가끔 순서를 마구잡이로 섞는다. 어디를 뽀뽀할까 기대하고 기다리는 너의 눈빛을 보며 기습 공격을 한다. '캭캭'거리며 좋아하는 네 웃음에 가슴이 벅차다. 아이가 너무 예쁘다.

이것이 참된 어미의 마음이로구나, 극락왕생이 부럽지 않도다. 육아 효능감이 솟구친다. '엄마 까투리'를 능가하는 참된 어미 됨에 스스로 오금이 저린다. 저릿저릿. 내가 이렇게 좋은 엄마라니라니라니~.

번외 편도 있다. 몸의 각 부위별로 아이와 뽀뽀를 하는 것이다.

코를 부딪치며 코 뽀뽀(코의 기름을 적절히 양분하는 미적 효과도 있다).

이마를 맞대며 이마 뽀뽀.

김구라처럼 턱을 내밀고 턱 뽀뽀.

팔꿈치를 부딪치며 팔 뽀뽀.

외국인들끼리 인사하듯 볼 뽀뽀.

입술끼리 귀엽게 입술 뽀뽀 쪽.

억지로 바둥거리며 발바닥 맞추어 발바닥 뽀뽀.

63

작은 아이의 몸이 내 몸에 맞닿는다. 너를 만지며 네 볼에도, 배에도 눕는다. 푹신푹신 포송포송. 정말 보드랍다.

내 마음까지 괜히 보드라워진다. 묘한 안도감과 따뜻함이 전해진다. 서로의 체온이 주는 위로와 존재감으로 마음이 잔잔히 차오른다. 내가 널 얼마나 사랑하는지, 네가 얼마나 소중한 존재인지 떠올린다.

"엄마는 유안이가 내 딸이어서 정말 행복해. 엄마 딸로 태어나줘서 너무 고마워."

"나도 엄마가 정말 죠아. 그리고 엄마 할 말 있어."

아이가 작은 입을 내 귀에 갖다 댄다. 들숨 날숨이 그대로 느껴진다. 따뜻하고 간지럽다. 말도 못하게 귀엽다. 너는 정말 사랑스럽고 보드라운 존재야.

"엄마."

"우디 이제 다시 까투리 노디(놀이) 하까? 내가 두리 할게. 엄마는 꽁지해."

순간 숨이 멎는다. 아니야, 그럴 리가 없어. 또 역할놀이라니 믿을 수 없어. 세상에 우리 둘만 존재하는 것 같던, 침 묻히기 육아는 여기서 막을 내린다. 현실로 돌아왔다.

급하게 아이를 다시 눕힌다. 최선을 다해 간지럽힌다. 손가락 하나하나에 간절함과 장인 정신을 담는다. 제발 다시 '침 묻히기 육아', '몸빵 육아', '스킨십 육아'로 돌아가자. 레드썬! 레드썬!

실패다. "이제 그만!" 하는 불호령이 떨어진다. 다시 파들파들 떨며 꽁지 인형을 손에 쥐었다.

너를 너무 사랑해서, 네가 너무 소중해서, 세상이 아름다워 흐느껴 울고 싶던 나는 온데간데없다. '침 묻히기 육아' 효과는 길지 않았지만, 분명 그때 우리는 같은 마음으로 많이 행복했다. 다만 깨고 나면 좀 많이 허무하고, 좀 많이 돌아가고 싶어지지만.

# 당연한 것들

그때는 알지 못했죠. 우리가 무얼 누리는지
거릴 걷고 친굴 만나고 손을 잡고 껴안아 주던 것
우리에게 너무 당연한 것들.

처음엔 쉽게 여겼죠. 금세 또 지나갈 거라고
봄이 오고 하늘 빛나고 꽃이 피고 바람 살랑이면은
우린 다시 돌아갈 수 있다고.

　가수 이적의 노래 〈당연한 것들〉의 가사다. 2020년 본
격적으로 시작된 코로나19. 2021년도 여전히 끝날 기미
가 보이지 않는다. 당연했던 등교, 자연스러웠던 만남,

즐거운 취미, 신나는 놀이. 이 모든 것을 잃어버린 채 1년 반 이상의 시간이 흘렀다. 이전의 메르스, 신종플루 때와는 또 다른 무게감이었다.

내게는 '아이'가 있었기 때문이다.

잃어버린 나의 일상보다, 당연한 듯 누렸던 내 과거가 너에게는 희망이 될지도 모른다는 사실이 가슴 아팠다. 자주 미안했다. 마스크 쓰기를 싫어하던 아이는 어느새 "밖에서는 절대 마스크를 벗으면 안 돼요. 코 아래로 내려도 안 돼요"라고 엄마, 아빠에게 단단히 이른다. 너에게 지금 이 세상은 어떤 의미일까. 어린 시절을 생각하면 힘이 나는 그런 시간을 보내고 있는 걸까. 나와 같을 수 있을까.

아이는 사랑과 흙과 바람과 물로 자라난다고 생각했다. 여름이면 검게 그을리고, 겨울이면 양볼이 다 트도록 여한 없이 뛰어놀아야 한다고 믿었다. 초록 풀과 노랑 민들레, 빨강 무당벌레와 갈색 나뭇잎, 축축한 흙, 비오는 날의 꿈틀거리는 지렁이. 어린 시절을 온갖 색깔과

냄새, 촉각으로 기억하길 원했다. 봄의 희망과 여름의 청량함, 가을의 풍성함과 겨울의 따뜻함이 네 안에 오롯이 아로새겨지기를. 사계절의 아름다움을 수시로 느끼고 경탄하는 네가 되기를.

　이런 나의 바람이 무색하게도, 코로나는 우리의 일상을 자주 방해했다. 어지럽혔다. 어쩔 수 없이 집에 있어야 하는 날들이 늘어났다. 아무도 없는 숲으로 일찍 산책도 다녀오고, 시골 할아버지 댁도 방문하며 나름의 방식으로 최선을 다했다. 너의 어린 시절은 이 순간이 마지막이었기에.

　'비관적', '염세적'인 순서대로 줄을 세운다면, 아마도 가장 끝에서 발견될 사람인 나조차도 미래를 생각하면 두려워질 때가 있다. 요즘은 특히 더 그렇다. 최근 겪은 몇 년의 변화도 이렇게 극심한데, 앞으로 아이가 살아갈 20년 후의 일을 가늠이나 할 수 있을까.

　급격한 기후 변화, 지구 온난화, 고령화, 방사능, 각종 전염병과 바이러스. 정신이 바짝 차려진다. 아이가 살아갈 세상은 어쩌면 나의 세상보다 훨씬 혼란스러울 수 있겠다. 비관이 아닌 객관적인 사실일지 모른다. 세상이 어지러울수록, 혼란스러울수록 지금 내가 해야 하는 것은 한 가지다. 이겨낼 수 있는 마음의 힘, 마음 근육을 만들어주는 것. 나를 믿고 사랑하는 힘, 상황을 뚫고 극복해낼 수 있는 내면의 단단함을 만들어주는 것.

올해도 변함없이 마스크를 쓰고, 열 체크를 하고, 손 소독을 한다. 또한 변함없이 너와 함께 웃고, 너를 안고 네가 참 소중하다고 말한다. 일상을 잘 살아내며 사랑을 나누는 것이 우리에게 허락된 '당연한 것들'이기에.

# PART 2

# 명랑 육아의 기원

사랑은 흔적을 남긴다

# 화수분
## – 추억은 힘이 세다

가끔 출처도 알 수 없이 갑자기 흥얼거리게 되는 곡들
이 있다.

어느 날 내 입술이 나를 사로잡아 나를 어떤 노래 앞
에 데려다 놓았다.

('화려한 조명이 나를 감싸네'처럼 읽어주시길.)


파란 하늘 서울 하늘 헛기침 소리 에헴! 에헴!

휘파람 댕기바람 신선한 바람

고무신에 팔자걸음 뒤뚱거린다.

머리 땋고 댕기 땋은 댕기 동자님

댕기, 댕기, 댕기 동자

'아니, 이게 대체 무슨 노래길래 내가 알고 있는 거지?' 순간 등골이 오싹해서 검색해봤더니, 무려 1989년에 MBC에서 방영했던 〈댕기 동자〉라는 드라마의 오프닝곡이란다. 이때는 내가 너무 아기일 때라 설마 본방사수는 아닐 테고, 비디오테이프로 빌려 보지 않았나 싶다. '도대체 주제곡을 어떻게 완창할 수 있는 걸까?' 여전히 미스터리지만.

이렇게 장기기억 속에 숨어 있던 기억들이 가끔 수면 위로 올라올 때면 그 기억과 함께 저장된 정서, 느낌도 함께 떠오르곤 한다.

친구와 숨이 턱끝까지 차오르게 놀다 하염없이 바라봤던 노을 지는 하늘.

빨간 노을과 달콤한 공기 냄새. 가슴이 저릿하니 무언가 이상했던 그 느낌.

땀 냄새 풀풀 풍기며 아파트 1층 계단을 밟을 때의 차갑고 습한 공기.

만화를 실컷 보다, 엄마가 부엌에서 만들고 계시던 반찬 냄새를 맡고 쪼르르 달려가 바로바로 손으로 집어 먹던 기억.

별것도 없는 공터에서 동생과 실컷 뛰어놀다 자동차 뒷좌석에서 엄마 무릎을 베고 잠들었을 때의 그 노곤함.

내 머리를 무릎에 눕히고 아무 말없이 머리를 쓰다듬어 주시던 그 따뜻함과 편안함.

창문으로 쏟아지던 햇살, 머리카락을 쓰다듬는 엄마의 손길.

노곤함, 따뜻함, 엄마 무릎, 엄마 냄새.

나의 어린 시절은 추억 지뢰밭이다. 어떤 사소한 일상에서도 어린 시절의 풍성한 추억을 소환해온다. 한번 건들면 어디서든 다 터지니 말이다.

화수분.

재물이 계속 나오는 보물단지로 그 안에 온갖 물건을 담아 두면 끝없이 새끼를 쳐 그 내용물이 줄어들지 않는다는 가상의 단지라고 한다.

진정한 화수분은 바로 유년 시절의 풍성한 추억과 따

뜻한 기억이 아닐까 싶다.

어른이 되어 맞서야 할 세상은 결코 아름답지만은 않다. 현실의 나는 어릴 적 만화처럼 해적왕도 아니며, 매일 모험을 떠나며 괴물을 물리치는 힘센 영웅도 아니다. 녹록하지 않은 현실에 매일 부딪히며 살아간다.

그래도 내게는 진정한 화수분이 있다. 영웅은 아닐지라도, 추억의 힘을 매일 누리는 강한 자다. 단단히 딛고 있는 이 시간과 공간에도 여전히 후회 없이 꿈꾸고, 아낌없이 즐길 수 있는 힘이 있다. 생각하는 것만으로 단전에서 힘이 솟고, 어디선가 따뜻한 바람이 불어오는 것 같은 추억이 많은 부자니까. 퍼올려도 동나지 않는 어린 시절의 따뜻한 기억으로 별것 없는 오늘 하루도 유쾌하고 명랑하게 살 수 있는 작은 영웅이다.

# 영남아파트
# 303동 101호

네 식구가 17년을 살았던 23평 아파트 1층.

우리의 오랜 보금자리였던 영남아파트 303동 101호.

넓진 않았지만, 바로 앞에 놀이터가 있었고, 5분 거리에 학교가 있었고, 3분 안에 시장을 갈 수 있었던 곳이었다.

계절이 바뀌면 우리는 바빠졌다. 커튼과 침구를 바꾸고, 가구도 수시로 옮겼다. 거실 옆 작은 방은 우리의 놀이방이었고, 때로는 서재였다. 넓지 않았지만, 구석구석 엄마의 알뜰살뜰함이 묻어 있었다. 늘 깨끗하고 아늑했다. 아빠는 7시가 되면 뚱뚱한 배를 내밀며 퇴근해 오셨

77

다. 날씨가 추워지면 붕어빵을 품에 안고 오셨는데, 빵을 담은 종이가 사각거리는 소리가 유독 듣기 좋았다. 지금의 ASMR 같았달까.

엄마와 아빠는 이곳으로 이사를 올 때, 일부러 1층을 고르셨다고 한다. 몸놀림이 날쌔고 유독 활동량이 많았던 나와 동생에게 조금이라도 더 자유를 주고 싶어서. 뛰지 말라는 소리를 하는 게 미안해서라고. 23살에 결혼을 하고, 25살에 나를 낳은 꽃 같은 엄마의 넓고, 고운 마음이 느껴진다.

집 바로 앞에 놀이터가 있다는 사실은, '놀이터 죽순이'로 살기에 완벽한 조건이었다. 학교 끝나면 집에 가방만 내려놓고 바로 놀이터로 갔다. 놀이터 1등 출근과 꼴찌 퇴근을 반복했다. 친구들과 왁자지껄 '한 발 두 발', '얼음땡', '귀신 놀이'로 하루를 불태우다 보면 어김없이 부엌의 작은 창이 열렸다.

"밥 먹으러 와라."
부엌 쪽으로 난 작은 창이 열리면, 기가 막힌 요리 향이 코를 찔렀다. 작은 창을 통해 저녁 메뉴를 귀신같이 알아챘다. 땀과 흙에 흠뻑 젖은 채 복도로 들어가면, 미묘하게 차가운 공기가 맴돌았다. 일곱 계단 올라가면 바로 보였던 우리 집 현관.

"엄마! 나 배고파!!!!!"

개선장군처럼 위풍당당하게 입장해, 음식을 맡겨둔 양 밥을 내놓으라 재촉했다. 얼마나 급했는지, 신발이 거실까지 들어온 적이 한두 번이 아니다. 경상도 말로 '범팔이'라고 하는데, 내가 바로 범팔이 출신이다.

씻고, 엄마가 깨끗하게 빨아준 내의로 갈아입었다. 나와 동생의 옷에는 늘 꼬독꼬독 잘 마른 좋은 향기가 났다.

아직 축축한 머리로 밥상에 앉으면 엄마가 말했다.
"아이고. 머리 좀 더 닦아야지. 감기 걸릴라."
벌써 숟가락을 쥐고 밥을 푸고 있던 내게, 엄마는 살짝 눈을 흘기며 머리를 수건으로 톡톡 닦아주셨다. 오래

79

도록 애돌애돌 머리를 빗겼다.

6살부터 그 집에 살았던 나는 23살이 되어서야 다른 곳으로 이사를 했다. 어린아이는 그곳에서 학창 시절을 보냈고, 대학을 가고, 성인이 되었다.

영남아파트 303동 101호.

더는 그곳에 젊고 사랑 많던 엄마도, 뚱뚱하고 귀여운 아빠도(지금은 살이 많이 빠지셨다. 여전히 귀여우시지만), 토깽이 같이 아무 걱정 없이 자라던 아이도 없다. 나의 가장 따뜻하고 충만했던 날들. 사랑스러운 시간들. 그곳은 내 추억의 깊이와 넓이만큼 매일 진한 향기를 남긴다. 사랑의 자욱을 남긴다.

# '당첨'의 날

일어나기 힘든 일을 겪어 본 적이 있는가? 아마 한두 번 정도는 있을 것이다. 나도 그렇다. 지금 생각해도 너무 신기한 '당첨'의 날. 그날에 대한 기억.

우리 아파트 바로 옆에 큰 마트가 생겼다. 아주 큰 대규모 마트도, 동네 구멍가게도 아닌 적당히 큰 마트. CHAM마트라고, 아직도 있다. 마트는 오픈하자마자 손님을 유치하기 위해 경품권 행사를 했다. 3~5등은 선풍기, 믹서 등의 상품을, 2등은 TV, 1등은 승용차를 건 대대적인 이벤트였다.

대망의 경품 추첨의 날.

온 가족이 마트로 출동했다. 동네에 모든 아주머니, 아저씨, 아이들이 모두 그 자리에 나와 있는 것 같았다. 흡사 아고라에 모인 아테네 사람들처럼 말이다. 당시 50개가 넘는 추첨권을 가족들이 골고루 나눠 가졌고, 다소 정신 사나운 아이여서 숫자를 놓칠 확률이 높았던 나는 자진해서 가족들의 짐을 안전히 맡았다.

숫자가 지나갈수록 실망이 더해졌다. 어쩌면 컵이나 숟가락 하나가 안 걸리는지. 맨 앞줄에서 한 꼬마의 얼굴이 점점 구겨져 갔다. 그 모습을 처연하게 보았는지, 사회자 아저씨가 나를 불렀다. 올라와서 종이 한 장을 뽑으란 것이다. 투명 유리통에 손을 넣고 신중하게 하겠다는 듯 일부러 손목을 비틀었다. 휘휘 저었다. 결심한 듯 종이 한 장을 높이 들었다. 아마 여장부의 기개가 느껴졌으리라. 내가 뽑은 번호는 2등, TV를 받게 될 번호였다.

어떤 아주머니가 감격에 겨워 테이블로 뛰어왔다.

꺅꺅꺅.

날개는 없지만 마구 파닥거리는 모습이 흡사 까마귀의 그것과 같았다. 격앙된 목소리를 보며 짐작할 수 있었다. 저분이 2등이로구나. 이제 1등, 딱 한 장 남았다. 사회자는 아주머니께 마지막 번호를 뽑을 것을 부탁했다.

"59060. 안 계십니까? 다른 번호 뽑아도 되겠습니까?"

주위가 조용했다. 아무도 대답은 안 하고, 서로 눈치만 본다. 다 틀렸다. 마구니가 끼었음이 틀림없다. 이 세상은 잘못되었어! 차라리 무너져버려!

긴장이 되었는지 갑자기 주전부리가 땡겼다. 새콤달콤을 꺼내려 주머니에 손을 넣었는데 구겨진 종이가 있었다. 새콤달콤 껍데기인 줄 알고 꺼냈는데, 하얀색이다. 펼쳤다.

59060! 1등 번호였다.

온몸의 털이 곤두섰다. 순간적으로 나 혼자만 시간이 느리게 가는 것 같았다. 슬로우 모션에 걸린 것처럼.

그날부로 우리는 '베르나'라는 새 친구를 집으로 데려왔다. 마트 밖에 화려한 꽃장식을 하고 우두커니 서 있던 베르나. 장난인 듯 진심인 듯 매일 널 데리러 가겠다고 했는데 진짜가 되다니.

더 신기한 것은 내가 2등 아주머니를 뽑았고, 아주머니는 1등으로 날 뽑았다는 사실이다. 이 무슨 '짜고 치는 고스톱' 같은 아름다운 상부상조란 말인가? 사장님과 2등 아주머니, 우리 집 모두 혈연관계가 아니고, 학벌, 지연이 없음은 물론이다. 처음부터 끝까지 정말 우연이었다.

베르나는 오랜 시간 우리와 함께했다. 20년간 엄마의 손과 발이 되었다. 우리가 베르나 뒷좌석에서 얼마나 많은 노래를 불렀는지, 얼마나 좋알거렸는지 모른다. 베르나는 묵직한 추억을 남기며 얼마 전 폐차되었다. 그를 보내던 날, 가족 모두가 울었다.

그날 이후 내게는 '경품' 행사에 대한 긍정적인 암시가

명랑 육아 필살 생존기

생겼다. 산모 교실이든 어디든 무조건 제일 좋은 건 내가 걸릴 것이란 기대 말이다. 하지만 그때 운을 다 썼는지, 절대 걸리지는 않는다.

# 엄마의
# 부업 연대기

이 이야기는 바로 장구하고 원대했던 엄마의 부업 히스토리다. 내가 초등학교에 들어가고, 엄마는 여러 가지 부업을 시작하셨다.

어린 시절 나와 동생은 늘 엄마와 함께 놀았다. 지금 생각해보면 '놀이'가 아닌 무임금 강제 노동에 가깝다 할 수 있겠다. 밤을 깎거나, 종이를 붙이거나, 자동차 부품에 들어가는 정체를 알 수 없는 고무를 떼어 내는 것.

콧노래를 부르며 일하는 엄마 옆에서 놀다, 책 보다, 같이 일하다 서로 뒤엉켜 지내는 날이 많았다. 밤을 까서 더 큰 대야에 던져 넣다가도, 틈틈이 고개를 들어,

나와 동생을 따뜻하게 보시던 그 눈빛. 그 어떤 말보다 내 영혼을 튼튼히 살찌우게 했던 눈빛이 여전히 눈에 선하다.

하도 밤을 깎다 보니 엄마는 오른쪽 엄지손가락이 자주 아프셔서 곧 다른 부업으로 갈아타셨다.

엄마의 두 번째 부업은 바로 어린이 전집 영업사원이었다. 어느 날, 갑자기 집에 책이 많아졌다. 위인전, 과학전집, 역사동화, 수학동화, 만화, 문학전집. 새로운 책이 들어오면, 박스를 뜯자마자 그 자리에서 허리도 안 펴고 새벽까지 책을 읽었다. 물론 골고루 봤던 건 아니다. 좋아하는 책은 너덜거릴 때까지 보지만, 〈과학 앨범〉이라는 과학전집은 '개구리' 편만 좀 좋아하고 나머지는 쩍쩍 소리가 나는 새 책(중고서점 개똥이네에서 특A급 새 상품으로 팔 만한) 상태였다.

가끔 엄마와 버스를 타고 상담받는 집을 함께 방문하기도 했다. 따뜻한 5월, 예쁘게 머리를 묶고 엄마와 버스를 타고 가던 날. 그저 엄마와 어딘가를 같이 간다는 것 자체로 행복했던 기억만이 선명하다.

엄마의 부업 시리즈 대망의 1위는 바로 아파트 청소다. 그렇다. 엄마는 우리가 살았던 영남아파트 303동 아파트 청소를 하셨다. 나와 동생이 초등학교에 다닐 때라 하교 때도 곁에서 챙겨줄 수 있는 일을 찾다, 아파트에 붙은 전단지를 보고 지원하셨다고 한다. 우리 아파트는 6층까지 있는 작은 아파트였다.

하교 후 1층 현관에서 "엄마! 나왔어!" 하고 소리를 질렀다. 목청이 커서 꽤 시끄러웠을 거다. 위쪽의 어딘가 계단에서 "우리 딸 왔어? 엄마 금방 갈게" 하는 소리가 들렸다.

엄마는 단 한 번도 아파트 청소하시는 것을 부끄럽게 생각하지 않았다. 아직 어렸던 나와 동생을 가까이서 챙기며 돈도 벌 수 있음에 감사하셨다. 어찌나 열심히 하셨던지 돌아앉은 등에서 땀이 뚝뚝 떨어지시곤 했다. 나도 마찬가지다. 그저 좋았다. 엄마의 명랑한 목소리가 303동 전체에 울려 퍼지는 것이. 엄마의 발소리가 가까워지며, 엄마의 환하게 웃는 얼굴을 기대하고 기다리는 것이.

어른이 되고 나서야 실감이 난다. 쉽지 않았을 텐데, 어쩌면 그러셨을까.

장담한다. 좀 결핍된 환경에 있어도 있는 힘껏 사랑해주고, 오야오야 예뻐하면 자식은 등 따시고 배부르게 자란다. 그곳이 시베리아 들판이어도, 부모가 웃고 있으면 눈썰매장인 줄 아는 게 자식이니까 말이다. 그때의 내가, 우리가 그랬으니까.

# &lt;한사랑 산악회&gt;와 아빠

30대 초중반의 젊은 개그맨들이 50대 아저씨들을 연기하는 유튜브 콘텐츠가 있다. 바로 〈한사랑 산악회〉다. 연예인들의 부캐 열풍을 활용해 이른바 '꼰대'로 불리던 세대를 설득력 있게 그려내며 많은 사랑을 받고 있다.

우리 아빠 역시 이 한사랑 산악회 아저씨들과 같은 연배다. 59년 돼지띠. 가수 김흥국 아저씨와 동갑이다(김흥국 아저씨가 TV 프로그램에 나올 때마다 그 이야기를 하셔서 본의 아니게 외웠다). 아빠는 평생을 가족을 위해 공직 생활을 하시고, 얼마 전 은퇴를 하셨다.

어렸을 적 문득문득 기억나는 장면이 있다. 지역 〈벼룩시장〉 신문을 뽑아와 거실에 배를 깔고 보던 동생과 나, 무언가를 찾아보며 형광펜으로 열심히 칠하는 엄마의 모습.

엄마가 열심히 펜으로 칠한 것은 주로 이런 것이었다.

고깃집 인수하실 분. 권리금 500. 장사 잘 됨.
액세서리 가게 세 놓습니다. 학교 앞. 단골 많음.
500/50
추어탕집 팝니다. 목 좋은 곳. 월 매출 300 이상 보장.

가끔은 온 가족이 직접 가게에 가보기도 했다. 2층이 다락방인 가게도 있었다. 빨강머리 앤의 다락방이 로망이었던지라, 여기를 내 방으로 하면 되겠다며 철도 없이 좋아했다.

숨겨진 이야기는 이러했다. 아빠는 가장으로 성실히 사셨지만, 중간중간 공무원을 그만두고 싶은 위기가 있으셨다. 힘든 순간마다 엄마와 둘이서 식당이든 장사든 다른 일을 해보려 많이 알아보셨다. 실제로 할 뻔한 적

91

도 있었다고 한다. 마지막에 돌이킨 것은, 결국 나와 동생 때문이었다.

우리를 전학 보낼 수 없었고,
더 풍족하게 먹여 살려야 했고,
미래를 준비해야 했기 때문에.

그렇게 순간순간의 고비를 우리를 향한 안쓰러움과 사랑, 책임감으로 이겨내시고 35년의 긴 공직 생활을 얼마 전 마치셨다. 모범 표창 공무원상을 몇 번이나 받으신 자랑스러운 아빠다.

한사랑 산악회의 인물들은 처음에는 모두 '꼰대'처럼 보인다. 목소리가 크거나, 말귀를 못 알아듣거나, 자기 주장이 강하다. 그러나 계속 들여다보고 그들의 이야기를 듣다 보면, 그들이 얼마나 사랑스러운지 알게 된다.
처음의 높은 진입 장벽을 통과하면, 그들의 캐릭터에 자연스럽게 녹아든다. 스며든다. 그들은 곧 우리들의 아빠의 모습이니까. 아내와 자녀를 위해 희생했고, 이제야 본인의 건강을 챙기려는 사람들. 오직 가족을 위해 살고, 가족뿐인 사람들.

　우리 아빠도 그렇다. 게다가 무뚝뚝하다는 경상도 출신임에도, 얼마나 다정하고 귀여운지 모른다. 고속도로를 타도 100km 이상을 밟지 않고, 주차장이 텅텅 비어 있어도 남들을 위해 꼭 멀리 차를 대는 분이다(그것 때문에 엄마와 내가 잔소리를 엄청하지만). 어떤 모임에서든 '총무' 역할을 도맡아 한다. 온유하고, 성실하고, 책임감 강한 사람들에게만 맡긴다는 총무 말이다.

　한사랑 산악회의 열정이 넘치는 경상도 사나이인 영남이 아저씨와, 점잖고 귀여운 광용이 아저씨를 합친 것 같은 우리 아빠. 아빠는 퇴직 후, 캠핑카로 전국을 누비시고, 전원주택도 지으셨다. 아빠 자신보다 우리를 위해 사셨던 그 세월만큼, 남은 인생은 아빠를 위해 사셨으면 좋겠다. 서로를 세상에서 가장 사랑하는 엄마와 지금처럼 아름답게 늙어가셨으면 좋겠다.

# 담임 선생님의 편지

대학교 3학년 때였다. 특이한 과제가 있었다. 숫자 1, 2, 3을 가르쳐 주신 초등학교 1학년 담임 선생님께 편지를 보내는 것이었다. 아무리 수학 교육법 관련 수업이라 해도 이게 뭔가? 과제를 듣고 난 후 내 느낌은 딱 그랬다. '아이고, 교수님. 상당히 무리데쓰요.'

다행히 초등학교 1학년 담임 선생님에 대한 기억은 비교적 뚜렷했다. 선생님 성함은 물론이고 출석 번호, 선생님 인상, 수업 시간에 배웠던 노래도 생생히 기억났다. 숫자 1, 2, 3을 가르쳐 주셔서 감사하다는 내용과 함께(과제였기에 꼭 넣어야 했다. 최대한 자연스럽게 넣으려고 얼마나 애를 썼는지) 그때의 기억을 나눴다. 선생님이 되기 위해 즐겁고 신나게 대학 생활하고 있다는 내용을 덧붙였다. 감사함을 표했다. 신뢰의 눈으로 날 바라보고, 늘 칭찬해주셨던 선생님께.

교육청에 수소문해 선생님의 주소를 알아냈다. 자필 편지에 우표를 붙여 보냈다. 손 편지를 쓴다는 것이 생소했지만 재미있었다. 설레기도 했다.

일주일쯤 지나, 기대하지도 않던 답장을 받았다. 무려 4페이지가 넘게 반듯반듯한 자필로 쓰신 편지였다. 선생님은 15년 전의 일을 어제처럼 기억하셨다. 무엇이든 재미있어 하고 신나 하던 나를 생생히 그리는 글. 그리고 남달랐던 나의 '엄마'를 기억하는 내용이 쓰여 있었다. 너무나 의외였다.

선생님은 말씀하셨다. 네가 훌륭하게 자란 것은 엄마의 덕택이니 부모님께 진심으로 감사해야 한다고. 편지의 내용을 일부 옮겨 본다.

'네가 큰 꿈을 펼칠 수 있었던 것도 아마 물심양면 애쓰시는 어머니의 공이 굉장히 크셨으리라 믿는다. 어떤 애들보다도 한눈에 쏙 들어오도록 예쁘게 단장해주시고, 늘 믿어주셨던 게 여전히 기억이 난다.

세상에 우연한 일이란 없는 것 같아. 뿌린 대로 거둔다는 옛말처럼 모든 결과에는 반드시 이유가 있단다. 희연이 뒤에는 '신사임당' 같은 어머니가 계시기 때문일 거야. 빛나는 너의 모습 뒤의 엄마를 늘 기억하렴'

놀라웠다. 15년 전 담임을 했던 아이의 부모님을 기억하는 것은 정말 이례적인 일이다. 학교 현장에 있기에, 더 잘 알고 있다.

선생님이 전해주신 과거의 작은 조각들은 뜻밖의 큰 선물이 되었다. 양갈래를 하고 교실을 총총 뛰어다니는 아이를 둘러싼 따뜻한 공기를 느꼈다. 빛바랜 추억이 총천연색이 되는 순간이었다.

# 모두 엄마가 있구나

만삭 때의 일이다. 버스를 타고 가락시장 앞을 지나던 길이었다. 창문 바깥으로 많은 사람이 지나갔다. 저마다의 삶의 무게와 희열을 짊어진, 열심히 살아가는 사람들이 보였다.

전화 통화를 하며 바쁘게 뛰어가는 샐러리맨, 가득 찬 장바구니를 들고 가는 아주머니, 대학생으로 보이는 날씬한 아가씨, 바깥 일을 하시는지 피부가 검붉었던 근육 할아버지.

횡단보도를 건너는 사람들을 보는데 갑자기 눈물이 쏟아졌다. 새삼스러웠다. 한참 만삭이라 숨을 쉬기 어려울 정도로 배는 불렀고, 손발은 부어 있었다. 단지 호르몬 때문이었을까. 내 곁에 늘 있었던 많은 사람이 모두 '엄마 배 속에서' 태어난 사람이라는 사실이 놀라웠다. 다르게 느껴졌다.

이 모든 사람에게 엄마가 있다는 진실. 모두 엄마가 꼬박 10달 가까이 배에 품고 태어난 사람이었다. 이 평범함이 문득 날 울게 했다. 힘든 바깥일을 하는 할아버지도, 싱그러운 젊음으로 빛나는 20대 아가씨도, 가족들을 위한 삶을 사느라 본인은 잊고 사는 브로콜리 머리의 아주머니도 한때는 다 아기였다.

엄마의 세계에 입성하고, 더 놀라게 된다. 인간이 '아기'로 태어난다는 사실이 어떤 의미인지 그제야 알았다. 왜 아무도 제대로 가르쳐 주지 않았던 것일까? 아이를 키우는 것이 어떤 의미인지. 아마 '엄마'라는 자리는 계속해서 해결해야 할 미션과 과제들이 평생을 두고 쏟아지기 때문에, 다음 세대에 제대로 전수해줄 여력이 없었던 게 아닐까. 혹 얼마나 힘든지 미리 알게 되면, 출산율이 떨어질 수도 있다는 '국가적 단도리(단속)'일 수도 있겠다(이렇게 음모론자가 된다).

아기가 유아가 되고 아동이 되고 성인이 되기까지 정말 무수한 '섬김'이 있어야 함을 몰랐다. 스스로가 이렇게까지 '남의 손으로' 키워진지 몰랐다. 엄마 아빠가 나를 키우셨다는 것이 이런 의미였는지, 진심 엄마가 되기 전까진 까맣게 몰랐다.

아기는 이렇게 무기력한 존재였구나.
엄마 아빠의 손길 없이는 한시도 살아갈 수 없는,
모든 목숨과 생존을 우리에게 의지하는 존재구나.

그리고 동시에 느꼈다.

어쩌면 이렇게 사랑스러울까.
어쩌면 이렇게 보기만 해도 예쁠까.
우리 엄마 아빠도 나를 이렇게 키우셨겠구나.

노래 〈어머니의 마음〉에 나오는 '진 자리, 마른 자리 갈아 뉘시며'가 어떤 의미인지 아이 기저귀를 떼며 온전히 알게 되었다. '낳실 제 괴로움 다 잊으시고'라는 첫 소절부터 가슴을 부여잡는다. 16시간 진통하며 버텼지만 결국 제왕절개로 아이를 낳은 날이 저절로 떠올랐다. 어쩌면 엄마가 된다는 것은 이렇게 몇십 년 전 노래에도 공감할 수 있구나. 그 옛날, 3남 5녀 키우신 할머니와도 자식 키우는 이야기로 대동단결할 수 있겠구나.

감사하다. 부모가 되고, 사람을 예전보다 더 귀하게 보게 되었다. 이 사람도, 저 사람도 엄마 배 속에 있었겠구나. 큰 목소리로 자주 화를 내는 저 가게 아저씨도 매일 누군가 씻겨주고 안아주고 젖 주며 자랐겠구나. 보기만 해도 웃음 짓게 하는 귀여운 아기였겠구나.

누구나 틀림없이 '아기'로 태어났다는 사실이 퍽 고맙다. 누구에게나 보기만 해도 귀엽고 사랑스러웠던 시절이 있으며, 누군가의 정성스러운 손길로 자랐음을 알 수 있으니까. 그래서 우리 모두는 참 귀하다. 예쁜 사람들이다.

# 잘 살아야 하는 이유

어렸을 때부터 난 엄마가 참 좋았다. 엄마 곁에 누우면 엄마의 배를 찰흙 주무르듯 가지고 놀았다. 젊은 나이에 나와 동생을 낳고, 그 후유증으로 쭈글쭈글해진 배를 보면서도 출산의 아픔이라던지, 여자로서의 비애 따위는 조금도 생각해보지 않았던 비정한 딸이었지만 말이다.

엄마 곁에서 엄마의 배를 주무르고, 냄새를 킁킁 맡고 꼭 껴안으면 짜증도 힘듦도 사라지는 것 같았다. 다른 말을 하지 않아도, 어떤 말을 듣지 않아도 그냥 힘이 났다. 그저 엄마가 좋았다.

게리 채프먼(Gary Chapman)의 《5가지 사랑의 언어》라는 책이 있다. 기독교 서적이지만 일반인도 많이 읽는 스테디셀러다. 각 사람의 타고난 사랑의 욕구를 알 수 있는 책에서 나는 인정하는 말, 헌신, 함께하는 시간, 스킨십 4개의 점수가 비등비등하게 나왔다. 사랑의 욕구가 워낙 높다는 뜻이다. 유독 사랑을 원하고 갈구하는 껌딱지 성향, 예민한 오감, 나는 그야말로 '하이니즈 베이비(High needs baby, 욕구가 높은 기질적 특성을 타고난 아이)'였다.

타고 나길 욕구 그릇이 크고 예민해, 어렸을 때부터 참 엄마를 힘들게 했다고 한다. 30년이 훌쩍 지났지만 친척들이 나를 만나면 아직도 그때 이야기를 한다.

"네가 예전에 얼~~마나 별났는지 다들 학을 뗐다. 느 그 엄마 죽을 뻔했다."

이 이야기를 들을 때마다, 엄마의 마음에 스며드는 '그리움'을 난 안다. 진심 어린 눈빛을 매 순간 읽는다.

네가 얼마나 호기심이 많았는지 눈동자가 완전 반짝반짝했다.

궁금한 게 많아서 1초도 안 쉬고 계속 움직이고

엄마는 잠깐 앉아 있을 수도 없었다.

잠깐 밥이라도 먹으려면 맨날 업고 있어야 하고

목소리도 진짜 크고 골목대장이고 네가 어릴 때 그랬다.

엄마와 지독하게 붙어 있었던 아이, 잠시도 안 쉬고 끊임없이 움직이던 아이, 원하는 것도 많던, 참으로 유난스러웠던 아이. 감사하게도, 부모님의 긍정 필터로 나를 해석하며 단단하게 자랄 수 있었다.

난 잘 살아야 한다. 누구보다 잘 살고 싶다. 부자로 살거나 잘난 사람으로 살겠다는 것이 아니다. 충만하게 사랑받고 배려받은 만큼, '사랑을 낭비하지 않고' 제대로 살고 싶다. 사랑을 나누고, 사람을 살리며 살고 싶다. 아름답고 치열하게 잘 살고 싶다.

# 엄마, 아빠에게
# 보내는 편지

27살, 23살. 부모가 되기엔 너무 어렸던 나이
나의 아빠 엄마가 되어줘서,
좋은 부모가 되어줘서 정말 고마워요.

세상의 따뜻함을 일찍부터 알게 해줘서
친절과 다정함을 일찍부터 느끼게 해줘서.

사랑은 온전히 마음을 쏟는 것임을,
모든 것을 내어 주고도
더 주지 못해 안타까워하는 마음임을,
다정하고 따뜻한 눈빛으로 한결같이 믿어주는 것임을

알게 해줘서.

삭막한 오늘에도

유쾌한 일과 감사한 일은 찾으면 찾을수록 넘친다는
사실을 온몸으로 느끼게 해주셔서.

내 아이를 사랑할 힘을 더하게 해줘서

세상을 넉넉히 이길 맷집과 추억을 많이 선물해줘서

많이, 많이 고맙습니다.

그대들 덕분에 틀림없이 눈부시게 행복했어요.

# PART 3

# 명랑 육아의 난제

내적 불행 없는
엄마도 육아는 힘들다

# 천사 같은 친구의 비밀

한 친구가 있다. 보기만 해도 귀엽고, 순수한 친구다. 볼은 통통하고, 애교도 많고, 웃는 것도 예쁘다. 친구와 함께하는 시간은 정말 즐겁다. 뭐든 해주고 싶다. 대부분은 그렇다.

친구는 내게 모든 것을 의지한다. 밥도 챙겨주어야 하고, 씻는 것, 물 마시는 것은 물론, 하루 종일 놀자고 한다. 24시간 역할놀이, 1인 36역 정도는 거뜬해야 한다. 친구는 웃음과 행복도 내게 의지한다. 아무렇지도 않게, 너무나 순수하게 나에게 모든 것을 위임한다. 유일한 보상은 친구의 웃음이다. 해맑고 예쁜 웃음 하나로 내 모

109

든 피로를 스스로 씻어야만 한다.

친구는 절대 집에 가지 않는다. 나와 X축, Y축, Z축을 함께하며 모든 것을 함께한다. 친구가 너무 좋지만, 잠깐은 혼자 있고 싶다. 친구가 너무 귀엽지만, 친구와 함께 있으면 아무것도 할 수가 없다. 친구에게 잠시 벗어나는 방법은 오직 하나다. 친구가 잠을 자는 것. 죽을힘을 다해 재우려 하지만, 친구는 내 품에서만 잠을 잔다.

친구가 내게 성질을 부린다. 내 머리도 잡아당기고, 수시로 멱살을 쥔다. 하루 종일 운다. 나는 친구를 달래야 한다. 친구가 울면 마음이 아프다. 함께하느라 손목과 허리가 나간다. 정신도 나간다. 친구가 너무 좋지만, 함께 있는 것이 힘들다.

친구야, 잠깐만. 지금 네가 귀엽고 사랑스럽다고 내게 모든 걸 위임하고 네 말대로만 하길 바라는 거니?

친구를 사랑하지만, 그의 시계로 하루를 사는 것은 녹록지 않다.

친구가 일어나라고 울음소리 알람을 켜면 일어나고, 자고 있으면 자근자근 밟히고, 쉴 새 없이 목덜미와 멱

살을 잡힌다.

식당 이모님처럼 쉴 새 없이 우유와 이유식과 반찬과 간식을 대령한다.

친구가 조금 크면 '이게 다 너 때문이야' 노래를 들어야 한다. 억울해도 어쩔 수 없다.

장난감 귀퉁이가 부서져도 내 탓, 개미가 보이다 안 보여도 내 탓,

손에 잡고 있던 비비탄 총알이 땅으로 굴러가 안 보여도 내 탓,

옷이 내려가서 잡고 내려줘도 내 탓,

쉬가 잘 안 나와도 내 탓.

지구 평화는 모두 나 때문에 깨지는 건가, 나는 누구인가, 여긴 어디인가. 나는 절대자인가 파괴자인가. 정신 바짝 차려야지.

육아는 그렇다. 육아가 힘든 이유는, 너무나 자명하다. 나의 자율성보다 아이의 시계로 살며, 감정의 종착자로 끊임없이 보듬어야 하는 것이기 때문에.

내적 불행이 없어도, 아이가 보기만 해도 예뻐도 그렇다. 아이가 태어나고 초반 3년은 잠을 못 자고, 밥을 못 먹는다. 다음 몇 년간은 지구 멸망급의 불만과 징징을 온몸으로 받아주어야 한다.

그렇지만 우리는 늘 '기꺼이' 그 길을 택한다.
그 시간의 찰나에, 벗어나고 싶은 마음과 싸울지라도 다시 '기꺼이' 그 길로 돌아간다.
함께 있는 것이 결코 편하지는 않지만, 이제 더 이상 그 친구가 없는 삶은 상상도 할 수 없다. 이제 이 아이 없이 단 하루도 살 수 없는 우리의 이름은 '엄마'다.

# 벤다이어그램의 중간점
## - 너를 재우기 위한 조건들

네가 상(진짜) 아기였던 시절, 너를 재우기 위해서는 온 우주의 기운이 나를 도와야 했다.

일단 초정밀하게 딱 맞아야 하는 온도와 습도. 조금도 더워도 추워도, 건조해도 안 되었다. 적절한 습도와 촉촉함과 윤기를 머금은 공기는 필수였다. 없으면 만들어 내야 했다. 우주선에서 모든 환경을 동일하게 맞춰 살아야 하듯, 너에게도 동일한 환경이 늘 필요했다.

배가 너무 불러도 고파도 안 되었다. 너무 더부룩해도 속이 비었어도 안 되었다. 너무 피곤해서도, 너무 잠이 안 와서도 안 되었다. 나노 단위의 딱 알맞은 각성과 피곤함 사이에서야 잠을 잤다.

재우는 엄마가 화장실을 가고 싶어서도 안 되었다. 재우고 나서 다른 뭔가를 하고 싶다거나, 다른 할 일을 생각해서도 안 되었다.


재우고 이따 인터넷으로 장 좀 봐야지.

작년에 신겼던 샌들이 작아져서 올해 새로 하나 사야 하는데.

전집 새로 하나 사야 하는데.

재우고 찾아봐야지.


마음속에 이런 생각이 가득 찼을 때는 네 옆에 누워 아무리 잠을 재워보려 해도 안 잤다.

옆에서 코를 골면 어떨까? 안 잤다.

〈짱구는 못말려〉에 짱구 엄마 봉미선의 아이디어처럼, 아기와 호흡을 맞춰 숨을 쉬면 어떨까? 실패다.

죽은 듯이 조용히 옆에서 누워 있으면 어떨까? 소용없다.


나에게는 오직 초점 맞춰진 돋보기가 종이를 태우듯,

너를 향한 사랑만이 오롯이 충만해야 했다. 나의 초점이 너를 조금이라도 빗나가면 너는 블루투스에 연동되어, 나의 어지러운 속세의 마음을 독파하고 절대로 잠이 들지 않았다.

그 어떤 속세에도 물들지 않고, 오직 너를 향한 사랑으로만 불타는 마음. 네가 자든 안 자든 상관없는, 배려 깊은 사랑을 넘은 숭고한 사랑의 정신만이 나를 지배할 때, 그 마음이 몇 시간이고 지속될 수 있을 때야 너는 잠을 잤다.

내 마음을 어찌나 그리 귀신같이 잘 아는지. 어찌나 잘 읽어내던지.

때로는 얄밉고 야속하기까지 했다.

정말로 아기가 안 자고, 잘 깨는 엄마들은 안다. 이 세상은 내가 조절할 수 없는 소리로 늘 가득 차 있다는 것을. 아무리 스스로 모든 소리를 차단하려 해도, 의도치 않게 늘 어떤 소리가 나게 되고 네가 깨는 것을 막을 수는 없다는 것을. 아무리 절간처럼 조용히 있으려 해도 냉장고 냉각기 돌아가는 소리와 불시에 들려오는 아파트

115

안내 방송을 인간의 힘으로는 거스를 수 없다는 것을.

한 100가지 벤다이어그램의 중간점을 찾았을 때, 정말 기적적으로 온 우주의 기운이 도와 모든 조건이 맞아떨어졌을 때.

모든 바깥 환경, 각성에 이르지 않을 너의 적절한 피곤함, 엄마의 절대 무욕의 궁극의 사랑이 합일되는 순간, 이무기가 승천해 용이 되듯 그제야 너는 잤다.

그렇다.

신생아 때부터 '안 자도 안 자도 어쩌면 저렇게 안 잘까'라는 한마디 탄식을 이렇게도 길고 정성스럽게 하고 있다.

# '앓이' 금지령

육아에 힘든 부분이 사람마다 제각기 다르겠지만, 나의 경우에는 무언가에 '푹' 빠져 있는 것이 원천적으로 불가능함이 가장 힘든 포인트였다.

이른바 '앓이' 중독자였던 내가, 수시로 변하고 예측할 수 없는 아기의 시간표로 성실히 살아가며 충분한 몰입의 시간을 빼앗긴 것이 가장 힘들었던 것 같다.

엄마가 되기 전의 나는 이 세상을, 온 순간을, 시마다 초마다 열병처럼 앓아야 하는 사람이었다. 언제나 무엇인가에 푹 빠져 있었다. 느슨한 정신으로 살아본 적이 없었다.

117

늘 누군가를 사랑하거나(특히 아이돌 대환영. 전국 덕후들 이곳에 누우세요),

어떤 시대를 사랑하거나(우리나라의 역사는 늘 나를 울게 했다),

어떤 노래를 사랑하거나(동서고금 막론, 종적으로 횡적으로 무궁무진했던 음악의 세계)

어떤 책을 사랑하거나(파도, 파도 끊임없었던 진정한 대륙)

하물며 내가 먹는 라면 한 그릇에도 온전한 애정을 쏟으며 살았다.

아이를 낳자, 더는 무언가에 몰입할 수 없었고 해서도 안 되었다. 몰입이니 앓이니, 그건 네 사정이고요. 내게는 지켜야 할, 돌봐야 할, 사랑해야 할 핏덩이 생명이 있었다. '내'가 하지 않으면 안 되었다. 내가 잠깐 정신을 놓으면 아이는 제대로 자지도 먹지도 자랄 수도 없었다. 내가 결정권자이자 책임자였다. 누구도 대신해 줄 수 없었고, 내가 헤쳐나가야 했다.

모든 '앓이'가 금지된 내게 유일하게 공식적으로 허락된 앓이가 있었으니, 그것은 바로 이 아이 하나를 온전하게 사랑하며 애달프도록 앓는 일이었다.

아이 옆에서 24시간 징그러울 정도로 피부 접촉을 하고, 온몸이 닳아 없어지도록 물고 빨고 예뻐했다.

알아듣든 못 알아듣든, 태어난 직후부터 지금까지 목이 쉬도록 매일 이야기했다. 엄마는 너를 너무 사랑한다고, 네가 정말 좋다고, 네가 태어나서 정말 기쁘다고. 네가 얼마나 예쁜지 아느냐고. 네 존재가 우리에게 얼마나 기쁨이 되는지 모른다고.

매일 아이가 하는 작은 행동을 슬로비디오(Slow Video)처럼 놓치지 않고 보았다. 아주 작은 행동과 소리 하나 놓칠 새라 〈조선왕조실록〉처럼 매일 아이에 대해 기록했다.

너와의 시간을 통째로 갈아 마시듯, 나는 온전히 너만을 앓았다. 다른 사람이 아닌, 엄마인 내가 가장 먼저 너의 작은 변화를 알아채도록 네 곁에 온전히 있었고 너에게서 눈 돌리지 않았다.

너의 시간과 공간을 온전히 공유하고, 독점하고, 한없이 누렸던 시간을 통과한 우리. '짠' 하고 뭔가 보여줄 엄청난 것이 있었으면 좋겠지만, 그것이 무엇이든 무엇을 상상하든 여전히 현재 진행형이다. 원래 육아란 그런 것이니까. 단기간에 '짠' 하며 보여주는 게 아니니까.

그래도 서로 투닥투닥하다가도(서로 친구 아니고 제가 엄마 맞고요) 5초도 안 되어 미안하다 사과하고, 서로와 함께 있을 때 가장 편하고 좋은 우리는 여전히 서로를 앓고 있는 중이다.

세상이 온통 나였던, 내가 우주였던 너와 온 우주의 중심이 너였던 나는 여전히 서로를 사랑하며 앓고 있다.


+


네가 점차 자라나며 예전처럼 아주 조금씩, 작게나마 다시 세상을 앓고 있다.

세상 이렇게 행복할 수가 없구나. 미안하다, 사랑한다.

# 이현령비현령, 원더윅스

어린아이를 키우는 엄마라면 꼭 듣게 되는 단어가 있다. 이름하여 원더윅스(Wonder Weeks).

아이가 정신적으로 성장하고, 유독 더 울고 떼를 써 부모를 힘들게 하는 때를 말한다. 원더윅스는 내게 꽤 유용하고 고마운 단어였다. 이른바 '이현령비현령(耳懸鈴鼻懸鈴)', 귀에 걸면 귀걸이 코에 걸면 코걸이였기 때문이다.

아이는 어린 시절의 나를 닮아 에너지가 넘치고, 유독 잠이 없었다. 세상에 태어난 첫 순간부터 그랬다. 조리원에 갔을 때의 일이다. 수유 등의 이유로 밤늦게 아기

121

를 보러 가면, 항상 누군가 아이를 안고 계셨다. 혼자 누워 있던 적이 없었다. 그것이 어떤 것을 의미하는지 몰랐다. 파워 긍정녀이자 초보 엄마였던 나는 '어머, 우리 아이가 여기서 제일 사랑받네? 정말 좋다'라고 생각했다. 무척 해맑고 청순했다.

아기를 봐주시는 분들께 감사하다고 눈웃음으로 인사를 드리면 꼭 이렇게 한마디 덧붙이셨다.


"어머, 아기가 정말 똑똑해요. 밤새 눈 마주치고 놀자고 하더라고요."

"아이가 몸을 세워서 구경하길 원해요. 많이 안아 줄 수 있어 정말 좋네요."

"세상에 온 것이 너무 기쁜가 봐요. 호기심이 진짜 많네요."


친절하고 따뜻한 말 속에 담긴 진심을 그때는 읽지 못했다. '아기가 안 자네요. 정말 안 자네요. 어떻게 해도 안 자네요. 무슨 수를 써도 안 자네요!'

조리원에서 퇴소하던 날, 조리원 실장님께서 내 손을 잡고 말씀하셨다.

"집에 가면, 아기가 잠을 안 자서 힘드실 거예요. 낮밤도 많이 바뀌었고요. 그래도 이런 아이들이 총명하고 똑똑해요. 산모님 너무 힘드시거나 어려우면 전화 주세요. 도와드릴게요."

실장님의 '불면 예고제' 덕분인지, 스스로 예민한 기질을 타고났던 덕분인지 어렵지 않게 아이의 성향을 받아들일 수 있었다. 예민했던 우리 아이에게 원더윅스가 아닌 날은 없었다. 굳이 이야기하면 5일 정도는 수월했고, 360일은 원더윅스였다.

아이가 왜 30분마다 깨지? 아! 원더윅스인가 보다.

아이가 왜 이유식을 전혀 안 먹고 다 뱉어내지? 아마 원더윅스라서 그렇겠지.

왜 목청이 터져라 우는 거지? 쥐들이 지진을 감지하듯 세상 멸망의 기운을 읽은 것인가? 원더윅스라서 그럴 거야.

이현령비현령의 원더윅스는 내게 묘한 위안을 주었다. 안 자고, 안 먹는다고 의문을 갖지 않았다. 왜 이러냐고 토 달지 않았다. 아기의 모든 행동에는 이유가 있고, 그 시간을 통해 자라고 있음을 굳게 믿었기 때문이다. 아이와 함께 파도를 탔다. 감사함으로 즐겼다.

우리는 원더윅스가 아닌 원더이어(Wonder Year)를 겪었다. 그 시간 덕분에 아이의 존재는 내게 그저 원더(Wonder)였다. 숨만 쉬어도 예쁘다는 게 이런 거구나 실감했다. 모든 의문에 답이 되어준 원더윅스에게 감사함을 전한다.

#땡스 투 원더윅스

# 너란 꽃

너는 꽃이라 한다
한동안 오래 어여쁠
한동안 오래 향기로울
한동안 오래 사랑받을

나의 꽃, 너란 꽃

이경선 시인의 〈너란 꽃〉이라는 시다. 틀림없이 연시일 테지만, 읽자마자 딸의 얼굴을 떠올린 건 비단 나쁜 일까. 누군가에게는 들풀처럼, 들꽃처럼 많은 아이들 중하나겠지만, 우리에게 너는 오랫동안 향기로울 유일한 꽃이다.

아이를 재우기 위해 매일 씨름하던 밤, 그날도 '진짜 제발 좀 자라'를 주문처럼 되뇌고 있었다. 말 한마디 없었지만, 내 마음은 불만으로 들끓고 있었다. 화산 같았다. 유독 잠이 없는 네가 원망스러웠다. 이 정도면 충분하지 않냐는 억울함마저 들었다.

순간 어둠 속에서 너와 눈이 마주쳤다. 빨리 너를 재우고 혼자만의 시간을 갖고 싶었던 내 얄팍한 사랑이 들킨 순간이었다. 얼굴이 화끈거렸다. 이런 내 마음을 아는지 모르는지 너는 순전히 해맑았다. 눈을 마주치고, 내 얼굴에 손을 갖다 대었다. 둥글고 맑은 눈동자로 너는 또박또박 내게 말했다.

"엄마, 나는 엄마가 정말 정말 좋아요."
순간 눈물이 차올랐다. 네 옆에서 오래도록 부끄러웠다.
"엄마, 정말 너무 사랑해."

짧고 통통한 팔이 내 목을 둘렀다. 너의 따스함이, 부드러움이, 포근함이 그대로 전해졌다. 너의 달콤한 몸 냄새를 킁킁 맡으며 너를 꼭 껴안았다.

순식간에 다시 사랑이 밀려왔다. 범람하는 순간이었다. 꽃 같은 너를 옆에 두고도 마음껏 사랑하지 못함이 내내 미안했다.

다음 날 몇 시에 일어나야 한다는 마음을 버렸다. 정해진 시간에 자야 한다는 마음도 접었다. 몇 시간 안에는 잠들어줬으면 하는 나 혼자 정한 기대도, 룰도 버렸다.

꽃 같은 네게, 내 부족한 사랑이 전해지기만을 오롯이 바랐다. 어둠 속에서 우리는 한참 이야기를 나눴다.

"우리 아기. 잠이 안 와?"

"응, 엄마. 내가 잠이 안 와서 미안해요."

"엄마가 정말 정말 미안해. 그런 생각하게 해서 미안해. 아가, 엄마 좀 용서해줄래?"

"응, 물론이지. 엄마, 너무 좋아."

너는 너무나 쉽게 나를 용서했다. 부끄러움과 미안함

과 사랑이 한데 뒤섞였다. 뭐라 말할 수 없는 복잡한 마음으로 너를 더 꽉 안았다. 어느새 새근새근 잠이 든 네 곁에서, 내내 더운 마음으로 네게 말했다.

오래도록 어여쁠,
오래 향기로울,
내내 사랑받을 둥개둥개 우리 아가.

꽃 중의 꽃 우리 아가.

명랑 육아 필살 생존기

# 프린세스 메이커 vs 실전 육아

혹시 '프린세스 메이커'라는 게임을 알고 있는가? 8090세대라면 한 번쯤은 들어봤을 궁극의 PC게임이다. 아빠가 되어 10살부터 18살까지 딸을 양육하는 RPG게임으로, 모두에게 아이 양육의 간접 경험을 선물해준 추억의 게임일 것이다.

아이를 키우는 것이 프린세스 메이커 게임 같다면 얼마나 좋을까. 게임에서 아빠는 딸의 전반적인 스케줄을 모두 세팅한다. 어떤 한 달을 보낼지 생활을 조율한다. 무사 수행을 가도 되고, 군사 훈련을 시키거나 예절 교실에 보내도 된다. 다양한 커리큘럼이 준비되어 있다.

유독 반항기가 심하거나, 어떤 능력치가 확연히 떨어지지 않으면 수업은 물 흐르듯 흘러간다. 게다가 수업을 통해 목표한 지력, 매력, 체력, 심지어 인내심도 함양할 수 있다. 기계처럼 인풋을 넣으면 아웃풋이 나온다. 철저한 입력-출력 시스템이다.

공부 대신 노동의 경험을 제공할 수도 있다(10세에 일을 하게 한다니 실제로는 아동 노동법 위반이지만 말이다). 지주 봉고레의 농장에서 일을 하거나 성당에서 봉사활동을 해도 된다. 나이가 올라갈수록 미장이, 묘지 지킴이, 과외교사 등 할 수 있는 일도 늘어난다. 이렇게 노동을 하고 나면 실수한 날들을 제외하고는 급여도 받게 된다. 일을 잘하면 급여도 상승한다.

중간중간 딸과 바캉스도 떠난다. 다녀오면 딸아이의 스트레스 지수는 감소하고, 아빠와의 유대감도 높아진다. 마을 상점에서 옷이나 책, 인형도 살 수 있다. 맛있는 요리를 함께 먹기도 한다. 책을 사면 지적 능력이 소폭 상승하고, 드레스를 사면 매력도가 상승한다. 물건을 소유하기만 해도 능력치가 향상된다니, 정말 판타지가 아닐 수 없다. 그러나 게임이 실제와 완전히 다르기만 한 것은 아니다. 잘 살펴보면 실전 육아와 비슷한 점도 꽤 있다.

아이의 마음을 읽어주는 대화는 언제나 중요하다. 아이와 오랫동안 대화하지 않으면 딸의 반항심 수치가 높아지며 가출을 일삼는다. 대화를 나누고 나면 딸의 스트레스 지수가 떨어지고, 삶의 전반이 원만히 흘러가는 것을 확인할 수 있다. 부모와의 진심 어린 소통과 대화는 육아의 디폴트다.

아이에게는 반드시 쉼이 필요하다. 휴식을 제공하지 않고 계속 일, 공부만 시킬 경우 스트레스 지수가 상승한다. 반항 수치도 높아진다. 이 상태에서는 그 어떤 경험도 소용없다. 철저한 입력-출력 시스템을 자랑하는 게임 세계에서도 마찬가지다. 무언가를 배우러 가도 잠만 자고, 일을 시켜도 실수만 해서 급여도 못 받는다. 아빠가 끝까지 쉼을 제공하지 않으면 급기야 앓는다. 난 앓아요. 시름시름 앓아요.

교육이나 직업 훈련을 뒷받침할 만한 인성, 예절이 중요하다는 사실도 유추할 수 있다. 아이는 전인적으로, 통합적으로 발달한다. 한 가지만 발달한다고 해서 좋은 인간이 되지 않는다. 예를 들어, 군사 훈련만 계속 시키면 장군이 될 수 있지만, 그에 걸맞은 두뇌 훈련을 소홀히 하면 지략 전술 능력이 떨어져 부하에게 반역을 당하고 만다. 무용이든 요리든 한 가지 기술을 연마해도, 그에 걸맞은 품위와 예절 교육을 시키지 않을 경우 성공하기 힘들다. 다른 길로 새는 경우도 많다. 아이에게 역시 인성 교육은 기본이다.

아이에게 자유만큼 꿈 교육도 중요하다. 적절한 경험이 뒷받침되어야 한다. 10살부터 18살까지 아무것도 안 시키고 계속 자유 시간만 줄 경우, 꿈이 없다며 어떠한 결말도 나지 않는다. 그렇다. 이렇게 이상한 결말도 존재한다(모든 이상한 결말을 다 겪어보았다고 자부한다).

게임 속의 딸조차 한 사람의 온전한 사랑과 관심으로, 양육자의 세밀한 관찰과 조율로 자라난다. 하물며 진짜 아이는 오죽할까. 실전 육아에 임하는 우리도 달콤하고

거룩한 부담감이 필요할 것이다. '프린세스'는커녕 '휴먼'
으로 잘 키우기도 어려우니 말이다.

# 아름다운 밤이야

야심한 시각 새벽 2시. 너를 재우다 재우다 재우다 지친 나는 깔끔하게 포기 선언을 했다. 그래! 자지 말자. 엄마는 출근 안 하고, 너도 아무 곳도 가지 않아도 되니 우리 그냥 놀자. 그래 한번 밤새워 놀아보자. 하고 싶은 대로 한번 해보자.

스산한 바람이 스친다. 결연하다. 착한 남편은 몇 시에 퇴근해도 꼬박꼬박 2시간씩 너를 봐주었지만, 새벽 시간은 오롯이 너와 둘뿐이었다. 둘이서 미국 시간을 산다. 새벽 2시 한국이지만, 낮 2시처럼 활기가 넘치는 이곳.

반짝반짝반짝. 너의 눈빛은 야광인 거니. 어쩌면 이리 어둠 속에서도 빛을 내는 거니.

우리 선조들이 산에서 호랑이를 만나면 그 안광(眼光)에 오줌을 지렸다고 한다. 눈빛에 압도당해 꼼짝도 못하고 시름시름 앓았다고. 아이의 눈에서 맹수의 안광을 느낀다. 기회다 싶을 때, 재빠르게 몸을 덮쳐 먹이를 포획하는 맹수의 용맹함이 느껴진다.

자연스레 한 아이가 떠올랐다. 너무너무 잠이 없어서, 깨어 있는 시간이 정말 길었던 아이. 내가 아는 사람 중 가장 잠이 없는 아이. 하루 종일 뭔가를 하고, 뭔가를 생각하는 아이. 거의 하루 종일 깨어 있었기에 놀기도 엄청 놀고, TV도 많이 보고, 음악도 많이 듣고, 책도 많이 읽던 아이. 지금은 만날 수 없는 그 아이. 바로 나다.

이런 각성 유전자와 뇌 시냅스를 물려준 나 자신이 문제지, 너를 탓해 무엇하리.

내 탓이오. 내 탓이오. 이 모든 것은 내 탓이오.

아이와 완전히 거실로 나왔다. 읽고 싶어 하는 책을

마음껏 읽어준다. 20권, 30권, 40권. 몰입과 집중은 최고조에 이르고, 목소리는 한껏 더 낭랑해진다. 모두가 잠들고, 홀로 깨어 있는 우리. 꼭 가야 할 곳도, 꼭 해야 할 것도 없는 내일이 있어 감사했다. 안도감이 들었다.

그래, 잠 좀 안 자면 어때. 언젠가는 자겠지. 자고 싶을 때 자고, 쉬고 싶을 때 쉬는 걸 이때 안 해보면 언제 할 수 있겠어.

아이가 잘 자는 아이였다면 '규칙적인 생활'이 아이에게 얼마나 중요한지 백방 설파하고 다녔을 나다. 여우의 신포도이자 마른 걸레를 비트는 심정의 '긍정 쥐어짜기'였지만 마음은 한결 편했다.


문득 생각했다. 이렇게 너와 홀로 깨어 있던 이 야심한 새벽, 이날이 참 많이 생각날 것 같다고. 고요하고 시끌벅적하던 우리 둘만의 밤. 잠을 잃은 너와, 그런 네 옆에서 함께 그림책도 보고 안고 거실을 뒹굴면서 지내던 새벽. 아무것에도 얽매이지 않은 채, '자발적 왕따'를 자처하며 둘이 한 몸처럼 지냈던 시간들. 너의 고소한 살냄새가, 보드라운 살결이 얼마나 보고 싶을까. 돌아갈 수 없는 지금이 얼마나 그리울까.

미래의 내가 그리워할 오늘이니까, 그 시간을 지나고 있으니 조금 더 천천히 흘러가는 시간을 느껴야지. 천천히 너의 구석구석을 눈에 담는다. 너의 머리카락이 자라고 속눈썹이 자라는 시간을 온전히 느낀다. 세상의 시끄러운 소리가 사라진 그 자리에, 너를 담는다. 우리 둘만의 아름다운 밤이다.

+

그래도, 일찍 자고 적당히 자주는 게 더 낫겠지요. 너의 예쁜 모습을 낮에도 실컷 담았는데 굳이 새벽에도 담아야 하겠니.

내 탓이오. 내 탓이오. 이 모든 것은 내 탓이오.

# 자율 욕구 vs 애정 욕구

사람은 저마다 다양한 욕구가 존재한다. 여러 욕구 중에서도 가장 강렬한 '코어 욕구'가 있을 것이다. 내게는 그것이 '애정 욕구'와 '자율 욕구'다.

애정 욕구는 말 그대로 사랑을 넘치도록 주고받기를 원하는 마음이다. 함께 있고, 사랑한다고 소중하다고 자주 말하는 것이다. 은은한 츤데레(겉으로는 차가우면서 은근히 챙겨주며 사랑을 표현하는 것) 정도로는 만족할 수 없다. 사랑 앞에 츤데레가 웬 말인가. 나에게 사랑이란 표현하고 드러내야 하며, 드럼통에 콸콸콸 쏟아붓듯 아낌없이 주어야 하는 것이다. 애정 욕구는 곧 관계 욕구다. 사람들과 즐겁게 협조하고 교제하기를 즐긴다.

자율 욕구는 내가 주체자가 되는 것이다. 강압과 간섭 없이 자유롭게 선택하고 책임지려는 욕구다. 그 어떤 가치보다 자유를 추구한다. 내 삶을 가장 주체적이고 생동감 있게 이끌어가려 한다. 그러기 위해 혼자 고요히 있는 시간이 꼭 필요하다. 내 안의 목소리를 듣고 알아채는 시간이다.

엄마가 되기 전에는 두 욕구가 상생했다. 조율할 수 있었다. 자유롭게 생활하면서도 사람들과 관계 맺기를 좋아했다. 무리 속에 있으면서 수시로 혼자 깊은 시간을 보내곤 했다. '따로 또 같이'가 가능했다.

엄마가 되자 상황은 달라졌다. 두 욕구가 자주 부딪쳤다. 사실 엄마로서 두 가지 욕구는 동시에 충족하기 어려운 욕구다. 특히 자율 욕구는 아이가 어릴 때는 거의 포기해야 하는 것이나 마찬가지다. 내 계획대로 하는 것은커녕, 기본적인 수면과 식사도 어려웠다. 특히 아이가 어느 정도 자라기 전까지는 말이다. 아이가 예민하다면, 조금 더 오랫동안 기다려야 한다.

사실 아이와 둘이서 진한 교감을 나누는 시간이 참 좋

앉다. 온전히 함께 있는 느낌은 행복감에 젖게 했다. 어쩌면 사랑 호르몬인 옥시토신 덕분이었을지도 모르겠다. 아이와 한산한 산책로를 둘이서 걸을 때면 '사랑으로 벅차다'라는 감정을 문자 그대로 느꼈다. 같이 있는 것이 감사하고 행복했다. 퍼질러 앉은 등 뒤로 따뜻한 햇볕이 쏟아지고, 간질간질 바람이 불 때는 더욱 그러했다. 이즌 쉬 러블리, 왓 어 원더풀 월드.

아이는 나를 닮았다. 사람을 좋아했다. 관계 욕구가 높고, 사랑 그릇이 컸다. 사회적 민감도도 높아 엄마를 끊임없이 요구했다. 나이가 어려서 껌딱지가 아니라, 원래 엄마 껌딱지로 태어난 아이였다. 나 역시 애정 욕구가 누구보다 높았기에 다행이었다. 오랫동안 함께 시간을 보내는 것이 마냥 힘들지만은 않았다. 대부분 행복했다.

문제는, 나의 큰 사랑 욕구보다 더 크고 강한 아이의 욕구였다. 10시간쯤 같이 있으면 2~3시간 정도는 같은 공간에서 따로 뭔가를 하며 지냈으면 하는데, 그게 되나. 그게 되면 아기가 아니지. 어불성설이었다.

함께 있으면 온전히 내 자신을 다 주어야만 만족하는

그 느낌을 알 것이다.

지금 뭐하는 것이냐! 정신 차리지 못할까.

너의 다른 생각은 절대 용납할 수 없다! 어서 나에게 집중하라!

너의 눈과 정신과 몸과 마음을 어서 나에게 주어라. 오롯이 나를 향한 사랑으로만 존재하고 있으라. 알겠느냐!

매 순간 아이는 나를 원했다. 지금도 딸이 하루 중 가장 많이 하는 말은 '우리 같이'다. 아침에 눈 뜨자마자 이렇게 말한다. "우리 같이 다람쥐 놀이 할까?", "우리 같이 화장실 갈까?", "'우리 같이 책 읽을까?"

눈 뜨자마자 상호작용이 시작된다. 눈도 안 떴는데 '우리 같이~'부터 할 때도 있다. 나를 이토록 매 초마다 매 시마다 원하다니. 내가 참 매력적인가 보다(긍정을 마른 빨래 쥐어짜듯 끌어올려 보자).

나의 육아는 이렇게 넘치는 자율 욕구와 애정 욕구 사이에서 최적의 접점을 찾아가며 녹여 내는 싸움이었다. 아이의 컨디션, 나와 아이의 욕구에 맞춘 치열한 눈치작

141

전이었다. 침해된 자율성은 주로 아이가 잠들고 난 후 충족했다. 혼자 보낸 시간으로 다음 날의 육아를 견뎠다.

그러던 사이, 아이는 자랐다. 이제는 혼자 놀기도 하고, 조금씩 협상도 가능해졌다.

엄마는 저기서 책 좀 볼 테니, 유안이는 DVD 보고 있어.
엄마 잠깐 커피 마실테니까, 유안이도 책 보고 있어.

사실 그 잠깐도 못 참고, 내게 와서 또 이야기를 건네기 일쑤지만 말이다. 장면이 무섭다며 아예 내 무릎에서 보겠다고 하고, 같이 보면서 이야기하자고도 한다. 정말 이 세상 천태만상을 모두 나와 공유하길 원하는 사랑스러운 아이다.

나를 이토록 원하는 시간이 그렇게 길지 않다는 것을 안다. 이제 얼마 남지 않았다는 것도. 이렇게 미주알고주알 자신의 모든 뇌 시냅스를 나와 공유하겠다는 열망도 다 한때라는 것을. 나중에는 '저 화상의 속 좀 알고 싶다'라고 기도하겠지만 말이다. 그 시간이 올 때까지는, 네게 조금 더 곁을 내어주고 싶다. 우리의 시간을 천천히 음미하며, 곱씹으며 말이다.

# 좋은 엄마는
# 좋은 사람

아이가 자란다. 짧았던 팔다리가 길어진다. 통통했던 볼살이 빠져 새초롬한 소녀가 되어간다. 여전히 '아이구, 우리 아기'를 달고 살지만, 진짜 아기들 앞에서는 이젠 누가 봐도 의젓한 언니가 되었다.

인간의 성장은 정말 놀랍다. 태어날 때보다 키는 2배쯤, 몸무게는 6배쯤 늘어났다. 혼자서는 숨도 제대로 못 쉴 것처럼 무능력하고 약했던 아기가 전능감의 시기를 증명이라도 하듯 무엇이든 "내가 내가!" 하겠다고 한다. 나의 불편함과 속상함을 이해하고 "엄마, 괜찮아. 내가 도와줄게" 하며 제법 깊은 위로를 전하기도 한다. 아

144

이는 매 순간 허물 벗듯 탈피한다. 잠깐 눈 돌리면 또 커 있다. 왜 이렇게 빨리 크는 거니, 좀 천천히 크렴.

인류로서 묵직한 존재감은 갈수록 더해진다. 편해지는 몸만큼 고도의 정신노동과 번뇌가 그 자리를 채운다. 엄마는 점점 아이 앞에서 말과 행동을 조심하게 된다. 아이에게 나의 참된 정체(?)를 들키지 않기 위해서다. 때는 도적 같이 온다.

이제 무조건적인 돌봄의 시대는 갔다. 대등한 인간으로서의 관계 맺기가 시작된다. 진짜 육아는 지금부터다. 내가 크지 않으면, 좋은 영향을 주기는커녕 공멸과 파멸에 이를 위험이 곳곳에 도사리고 있다. 생활 습관, 학습, 친구 관계, 학교생활, 예절, 인성, 아이에게 가르쳐야 할 영역은 영유아기와 비교도 안 되게 넓고 방대해졌다. 나의 책임 아래, 올바른 인간을 길러내야 한다는 책임감이 짓누른다.

시시각각 나를 보고 읽어내는 아이의 눈동자는 때로는 참 부담스럽다. 아이 앞에서 매번 부자연스러운 연기를 할 수는 없다. 엄마인 이상 온전히 본성만을 쫓는 자연인으로 살 수도 없다.

어떡하란 거지. 아, 어렵다. 엄마 노릇.

그럴 때 꼭 붙잡는 말이 있다. 좋은 엄마는 그저 좋은 사람이라는 말. 좋은 사람은 완벽한 사람이 아니다. 좋은 사람도 실수한다. 화를 참지 못할 때도 있고, 게으를 때도 있다. 우리가 누군가를 떠올리며 '좋은 사람'이라고 한다면, 그 사람의 단점에도 불구하고 통합적인 시선으로 그를 바라보는 것이다. 나에게 있어 좋은 사람은 따뜻하고 다정한 사람. 자신의 잘못을 시인하고 고치려 노력하는 사람. 부족한 점이 많더라도 누군가의 말을 경청할 용기가 있는 사람.

좋은 사람도 누워 있을 수 있다.
좋은 사람도 끼니를 대충 떼울 수 있다.
좋은 사람도 멍때리며 시간을 보낼 때도 있다.
좋은 사람도 가끔 화를 낼 수 있다. 다만 실수를 인정하고 즉각 사과하겠지만.

'좋은 엄마'라는 프레임 안에는 언제나 부지런함과 완벽함을 포함하는 듯하다. 매 끼니 영양식을 챙기며, 아이에게 쉴 새 없이 반응해주고 눈빛을 읽어주는 엄마. 칸트(Immanuel Kant)를 방불케 하는 계획성과 벤저민 프랭클린(Benjamin Franklin)의 시간 관리 능력을 가진 슈퍼 엄마.

자꾸 팔자에도 없는 '좋은 엄마'가 되려 하니, 육아가 버겁다. 아이와 함께 있는 시간이 자연스럽지 못하다. 특히 본디 그런 사람이 아닐수록 더더욱.

아이 앞에서 '좋은 엄마' 아닌 그저 좋은 사람이고 싶다고 생각하면 조금 여유가 생긴다. 우리가 함께 있는 시간이 그저 좀 더 따뜻했으면, 너의 존재에 위로가 되었으면. 효율적이고 계획성 있는 엄마는 아니라도, 너를 비춰주는 등대같은 존재가 되어줄게. 너와 함께 뒹굴거리고, 함께 있으며 내 안에 가득찬 사랑을 네게 전해줄게.

한 가지 맹점이 있다. 좋은 엄마보다 '좋은 사람'이기가 사실 훨씬 더 어렵다는 것. 가짜는 결국 아무도 속일 수 없다.

오늘이라도, 하루라도 더 빨리 '진짜' 좋은 사람이 되는
수밖에.

# 엄마가 딸에게

난 잠시 눈을 붙인 줄만 알았는데 벌써 늙어 있었고

넌 항상 어린아이일 줄만 알았는데 벌써 어른이 다 되었고

난 삶에 대해 아직도 잘 모르기에 너에게 해줄 말이 없지만

네가 좀 더 행복해지기를 원하는 마음에 내 가슴속을 뒤져 할 말을 찾지.

(중략)

내가 좀 더 좋은 엄마가 되지 못했던 걸 용서해줄 수 있

Part 3. 명랑 육아의 난제 – 내적 불행 없는 엄마도 육아는 힘들다

겠니.

넌 나보다는 좋은 엄마가 되겠다고 약속해주겠니.

첫 소절을 듣자마자 울게 된 노래가 있다. 양희은의 〈엄마가 딸에게〉다. 엄마도 엄마가 처음이고 딸도 딸이 처음이어서, 서투른 사람들끼리 위로해주고 보듬는 이야기다. 처음 들을 때는 엄마가 내게 하는 말 같았고, 다시 들을 땐 내가 아이에게 하는 말로 들렸다. 〈엄마가 딸에게〉는 곧 엄마의 이야기, 나의 이야기, 딸의 이야기였다.

내가 좀 더 좋은 엄마가 되지 못했던 걸 용서할 수 있겠니.

넌 나보다 좋은 엄마가 되겠다고 약속해주겠니.

들을 때마다 울컥한 부분이다. 명랑한 성정을 가진 나였지만, 자주 아이에게 미안했다. 죄책감은 옳지 않은 감정이지만, 약간의 미안함은 어쩌면 사랑의 특권이 아닐까. 미안해, 아가. 엄마도 엄마가 처음이라 그래. 나의 서투름과 부족함을 용서해줄래. 마음만큼 좋은 엄마이지 못해 미안해.

때로는 같은 노랫말이 자녀의 마음으로 들렸다. 좋은 엄마가 되지 못했다니, 그게 무슨 소리예요? 세상에 엄마보다 더 좋은 엄마는 없어요. 그냥 내 엄마이기 때문에 가장 좋은 엄마예요. 다음에도 꼭 우리 엄마가 되어주세요.

잘못한 것이 없는데 서로에게 계속 미안해하는 마음. 안타깝고 불쌍히 여기는 긍휼의 마음. 아홉을 줘도 주지 못한 하나를 보며 안타까워하는 마음. 그것이 사랑이다. 나는 네게 부족한 사람이지만, 너는 내게 완벽한 사람이라는 곱고 보드라운 마음이다.

〈어바웃 타임〉이라는 영화를 참 좋아한다. 예전에는 잠깐 만난 아기 때문에 모든 것을 되돌릴 수 있는 과거로 가지 않음이 이상했다. 이해가 되지 않았다. 암에 걸린 아버지는 아들 때문에 과거를 바로잡을 수 없어 돌아가셨고, 주인공은 아기가 바뀌자 과거를 되돌리는 것을 중단한다. 그냥 새로 태어난 아기와 사는 것도 괜찮지 않냐고 생각했던 철없는 나다. 어찌 그리 가당치도 않은 생각을 했을까.

너보다 날 행복하게 할 수 있는 아기가 있을까. 너를 만나지 않고 내가 행복할 수 있을까. 다른 아기 말고, 다른 엄마 말고 오직 우리 엄마와 유안이가 좋다. 더할 것도, 덜할 필요도 없다. 1g도 사라지는 게 싫으니 다이어트도 하지 말라는 말이 이해가 된다(이건 좀 오버인가?).

좋은 엄마가 아니어도, 멋진 자녀가 아니어도 이대로 함께 있으면 충분하다. 그것이 모든 엄마가 아이에게, 아이가 엄마에게 하고 싶은 말이 아닐까.

# 실패 육아 아이템 시리즈

## 1. 수면 교육 관련 육아서들

아이가 태어나기 전 수면 교육을 하리라 야심차게 준비했다. 수면 교육 관련 도서뿐 아니라 논문까지 찾아보고, 철저하게 준비하며 박차를 가했다. 하지만 태어난 그날부로 모든 노력이 수포로 돌아감을 직감했다. 퍼버법, 안눕법 모두 안녕, 안녕. 같이 누워 자는 척하면 3시간이고 4시간이고 내 얼굴만 신나게 밟아댈 뿐. 내 아이는 오직, 안아야지만 잠들 수 있었다.

## 2. 등센서를 극복하고, 잠을 잘 자게 해준다는 세상의 모든 육아 아이템

모로반사를 방지해주고, 아이를 눌러줘 잠을 잘 자게 해준다는 모든 종류의 이불, 옷, 쿠션. 헛된 희망을 가지고 샀다, 팔았다, 샀다, 팔았다를 반복했으나 실패. 가장 필요한 것은 오직 두 가지. 엄마 품 그리고 시간이었다.

등센서는 원래 모든 아기가 두루 갖춘 능력일 것이나 내 아이에게는 각도 센서와 높낮이 센서까지 있었다. 일정한 각도로, '서서' 안고 있는 것만 허락했다. 일찌감치 기질을 깨닫고 마음을 비운 것이 신의 한 수였을 뿐.


## 3. 쪽쪽이와 치발기

개인적으로 아기가 쪽쪽이(인공 젖꼭지)를 물고 있는 모습이 너무 귀여웠다. 어떻게든 쪽쪽이를 물려보고 싶었다. 〈아기공룡 둘리〉의 희동이처럼 말이다. 시중에 나온 모든 쪽쪽이를 준비했으나 모두 거부당했다. 아기가 고른 것은 오직 전선, 머리 끈, 차 열쇠, 먼지와 머리카락.

치발기도 마찬가지다. 손에 쥐여 주면 곧 던지고 엄마 어깨만 신나게 빨아댈 뿐. 엄마의 로망은 실현되지 않았다. 역시 호락호락하지 않다.

## 4. 아기 비데

엉덩이를 씻기려고 비데에 눕히는 순간 온몸을 비틀면서 누워 있길 거부했다. 지금 뭐 하는 것이냐, 나를 이곳에 눕히려는 것이냐! 감히! 언감생심. 비데에 눕혀 씻기며 손목 좀 보호하고자 했던 나의 계획은 역시나 실패. 등을 대고 누워야 하는 모든 아이템은 다 실패했다고 보면 된다. 중고로 사서 금방 다시 중고로 팔아버렸다.

## 5. 샴푸 캡

머리에 샴푸 캡을 씌워 놓으면 사자 같은 자신의 모습이 무서운지 계속 울었다. 샴푸 캡을 하고 뒤로 눕히면 숨이 넘어가게 울었다. 실패를 예감했기에 저렴하게 구매했고, 친구에게 바로 물려주었다.


## 6. 보행기(유사품 쏘서, 점퍼루), 유모차

보행기는 오직 탈출 게임을 하는 용도였다. 앉혀놓으면 당장 나를 꺼내 놓으라 강렬히 저항했다. 비슷한 류로 쏘서, 점퍼루가 있다. 하루에 2분씩 몇 번 사용하긴 했다. 주로 내가 화장실 갔을 때 다치지 않게 잠깐 두는 용도로. 그 짧은 시간에도 고래고래 원망을 들어야 했지만. 유모차를 끌고 나가면 결국 아이를 안은 채 유모차를 밀어야만 했다. 유모차 화형식이 필요했다.


## 7. 야심차게 고른 이유식 용품들

과하지도 덜하지도 않게, 굉장히 균형 잡힌 라인업을 세팅했으나 아기가 이유식을 먹지 않아 대실패. 칼과 숟가락과 용기가 무엇인들 무슨 소용 있으리오. 온갖 산해진미로 맛있게 만들어준들 무슨 의미가 있겠는가. 먹지

156

않는 것을.

이렇게 엄마를 편하게 하는 대부분의 육아 아이템이 실패한 탓에, 24시간 피부를 맞대고 있었다. 엄마 품에서 잠들고, 엄마 품에 안겨 함께 산책하고, 울다가도 엄마가 안으면 곧장 울음을 그치곤 했다. 매일매일이 전쟁과 같았지만, 그때가 그립기도 하다. 딱 하루만 돌아가 보고 싶다(물론 정말 딱 하루만).

# 하지만 우리 엄마가
# 되었죠

아이와 잠자리에서 자주 읽은 그림책이 있다. 앤서니 브라운(Anthony Browne)의 《우리 엄마》다. 《우리 엄마》는 아이를 둔 엄마라면 한 번쯤 읽어보았을 유명한 책이다. 특히 다음 문장은 읽을 때마다 가슴을 울린다.

우리 엄마는 무용가가 되거나 우주비행사가 될 수도 있었어요.

어쩌면 영화배우나 사장이 될 수도 있었겠죠.

하지만 바로 '우리 엄마'가 되었어요.

나는 엄마를 사랑해요.

그리고 엄마도 나를 사랑한답니다.

언제까지나 영원히.


모든 엄마는 대단한 존재다. 굉장한 요리사이자 놀라운 재주꾼, 세상에서 가장 힘센 여자이자 훌륭한 화가다. 때로는 착한 요정 같다. 내가 슬플 때면 나를 기쁘게 하고, 무엇이든 자라게 하는 마법의 정원사이기도 하다. 나비처럼 아름답고 안락의자처럼 편안하다. 아이에게 엄마는 '기적' 그 자체다.


엄마는 모든 것이 될 수 있는 사람이었다. 오직 사랑하기 위해, '엄마'를 택했다.


가슴이 뭉클했다. 나도 그러했다. 다른 것을 다 준다 해도, 꼭 다시 너의 엄마가 되고 싶었다. 꽤 많은 것을 잃었지만, 비교할 수 없는 큰 행복을 얻었다. 네가 없는 세계는 이제 상상할 수도 없다.

동시에 안타까움도 들었다. 엄마지만 무용가도 되고 우주비행사도 될 수 있음 더 좋았을 텐데. 영화배우나 사장이 된 엄마도 참 멋질 것이다.

물론 정답은 없다. 엄마의 사랑을 담은 그림책에 무거운 현실의 잣대를 갖다 대서야 되겠냐고 반문할지도 모르겠다. 다만 한 가지는 분명하다. 엄마는 위대하지만, 그 위대함에만 모든 것을 걸어서는 안 될 것이다.

엄마는 아이를 사랑하고, 아이도 엄마를 세상에서 가장 사랑한다. 꽃과 하트가 가득한 몽글몽글한 그림체는 보기만 해도 참으로 따뜻하다. 한 사람을 무조건적으로 사랑하는 마음은 분명 세상을 가장 아름답게 하는 힘이다. 다만 밝고 아름다운 그림만큼, 실제 엄마의 세상도 조금 더 따뜻해지길 바란다. '포기'하는 것이 아닌 진짜 '선택'할 수 있는 세상이 오길 진심으로 바란다.

# PART 4

# 명랑 육아의 선물

육아에 명랑함을 더하면
벌어지는 마법

# 라떼 감성
## (feat. 05학번 이즈 백)

요새 '라떼 감성'이 유행이라고 한다(유행이라는 단어조차 아줌마스럽다). 05학번이 돌아왔다는 콘셉트의 유튜브 예능은 날이 갈수록 흥왕해간다.

볼레로, 본더치 모자, 귀가 찢어질까 모두가 걱정했지만 결국 찢어지진 않았던 커다란 링 귀걸이, 카고 바지, 벨벳 트레이닝복. 보기만 해도 손을 못 펼 만큼 오글대는 감성이 살아 숨 쉬는 그 시절은 지금은 보기 힘들 만큼 모두가 솔직했고, 감성에 충실했던 시기가 아닌가 싶다. 뭐랄까? 지구 대멸망의 날을 기다리는 세기말 감성에서 벗어나 인류가 생존했다는 기쁨에 사로잡힌 패션이랄까.

165

형형색색 오방 형광색이 넘쳐나던 시대. 그때 만난 친구들과는 여전히 함께하고 있다. 함께 결혼과 출산을 겪었다. 누가 봐도 아줌마의 정점에서, 아이를 키우는 것을 자연스럽게 받아들이고 있는 우리지만 정말 화려한 흑역사를 공유한다. 서로 입 닫고 있음에 감사하며.

싸이월드가 부활한 날, 잊고 있던 한 사진을 발견했다. 2005년 3월 2일, 대학 입학식에 같은 반 친구가 찍어준 사진.

짧은 분홍색 골덴치마에 하얀 스타킹(분명히 말하지만, 집에 우환 없었고 제정신이었다), 뾰족구두, 곧 얼어 죽어도 이상할 것 없는 계절에 안 맞는 하얀색 자켓, 분홍색 챙모자, 엄청 큰 링 귀걸이. 사진 속의 내 몰골이다. 물론 빠른 연생으로 실은 19살이었던 만큼, 얼굴은 앳되고 귀엽지만 말이다(어차피 확인 못 할 테니 우겨본다).

입학식 사진 외에 남겨진 사진에는 도대체 어디서 이 옷을 샀을까 싶은 빨간 망토, 걸그룹 치마, 멜빵 바지, 빵모자 등 과한 옷들이 넘쳐난다. 총체적 난국이다.

게다가 모든 날, 모든 순간 빠짐없이 양갈래 머리를

명랑 육아 필살 생존기

하고 있다. 양옆으로 묶거나, 빨간 머리 앤처럼 밑으로 땋았거나, 앤의 친구 다이애나처럼 땋은 채로 올려서 말이다. 저 시절 나의 과한 자신감이 부럽다. 정녕 부끄러움을 모르는 소녀였구나(부끄러움 총량의 법칙에 따라 지금 많이 부끄럽다).

깨어 있는 시간이 길었던 만큼, 모든 것을 열심히 하던 시절이었다. 100명으로 출발한 술자리가 50명이 되고, 20명이 되고, 10명이 되고, 5명이 될 때까지 마지막 멤버로 생존했다. 술도 안 마신 채 꿋꿋이 그 자리를 끝까지 지켰다.

밤을 꼴딱 새고도, 다음 날 1교시부터 8교시 수업을 풀로 듣는 기염을 토해내고, 과외를 하루에 4탕씩 뛰고도 지침이 없었다. 공교육 예비 종사자로 잠실 강남 사교육 과외 시장을 주름잡던 화려한 시절. 가끔은 그때의 자유가 그립지만, 돌아가고 싶지는 않다. 다만 과거의 내게 참 고맙다.

그렇게 세상 끝 날처럼 하루하루를 열심히 살아줘서.
아무도 신경 쓰지 않고, 재미있고 자유롭게 살아줘서.

167

모든 순간을 축제처럼 즐기고, 개미처럼 부지런히 살아줘서.

이렇게 주절주절 길게 이야기하는 것도 '라떼'가 되었다는 증거라고 한다. 아무도 관심 없는데 굉장히 중요한 듯 이야기한다고. 맞다. 그 시절의 빛나는 젊음이 얼마나 중요한지 몰랐지만, 알아서 꽤나 잘 살아준 내게 퍽 고맙다. 오그라드는 그 시절 덕에 지금의 내가 있으니까.

그때의 싱그러운 기운은 온데간데없이 사라졌다. 성숙해졌고 겁도 많아졌다. 적당히 눈치도 볼 줄 아는 사회인이 되었다. 그러나 온전히 내가 나였던 그 시절 덕에, '엄마'로 살아가는 지금이 더 소중하다. 세상 가장 소중한 보물인 너와 엄마의 흑역사를 함께 이야기하며 웃을 날이 기다려진다.

라떼가 아닌 현역으로 온전히 빛나게 될 너를 진심으로 응원하며.

# 네가 내 아들이었어야 해
## (feat. 고백부부)

'내가 정말 아줌마가 되었구나'라고 느낄 때가 있다. TV에 나오는 육아 예능을 보며 육아 아이템을 매의 눈으로 샅샅이 살펴볼 때. 내 물건보다 아이 물건을 사는 게 더 재미있을 때. 백화점에 가도 의류관이 아닌 7, 8층 리빙관에서 더 오랜 시간을 보낼 때 등등. 상황은 다양하다. 그중 압권은 바로 이것이다.

TV에 나오는 잘생기고 괜찮은 청년을 보고 애인이나 남편이 아닌 '아들' 삼고 싶다는 생각이 들 때.

몇 년 전 〈프로듀스 101〉이라는 TV프로그램이 있었다. 아이돌 지망생들이 서바이벌로 실력을 겨루고 아이

169

돌로 데뷔하는 방송이었다. 딱 봐도 어린 소년들이 부모님을 떠나 꿈을 위해 노력함이 기특했다. 힘들지만 최선을 다하는 모습에 '궁디 팡팡' 두드려 주고 싶었다.

분명 소녀의 마음이 아닌 엄마의 마음이었다. 지망생들이 부모님의 편지를 읽고 눈물 흘리는 장면에서는, 반대로 아이돌 지망생을 둔 부모의 마음이 느껴져 눈물이 났다. 내 아들이 저렇게 잠도 못 자고 밥도 못 먹으면서 연습을 한다니. 열심히 하는 것도 좋지만 몸도 꼭 챙기렴. 기특하고, 안쓰럽고, 보고 싶고 쓰리 콤보로구나. 아이구 기특한 내 새끼. 우쭈쭈.


이젠 아이돌을 봐도 잘생긴 연기자를 봐도, 자꾸만 그의 어머니 입장에서 생각하게 된다. 마음이 좋고 설레는 것과는 또 다른 차원의 문제다(물론 그것이 사라지진 않습니다). 저런 멋진 청년을 둔 어머님이 누구신지, 어떻게 키우셨는지 궁금하다. 특히 얼굴만큼 마음이 반짝반짝 올곧은 청년들을 보면 심장이 더욱 삐렁친다.


니가 사는 그 집, 그 집이 내 집이었어야 해.
니가 내 아들이었어야 해, 니가 내 아들이었어야 해.

'아들'이라고 표현을 했지만, 외모도 인성도 예쁜 사람을 보면 자꾸만 '내 아이가 저렇게 자랐으면 좋겠다'란 생각을 한다. 남자는 아들로, 여자는 딸로 보인다. 내가 언제 이렇게 '본 투 비 엄마'가 되었나, 스스로도 놀란다. 참 재미있다.

이렇게 엄마의 시선이 생긴 이후로, 사람들에 대한 이해가 넓어졌다. 예전에는 전혀 이해할 수 없었던 일들, 선을 긋고 거리를 두었을 법한 사람들도 포용이 된다. 집에 우환이 있겠지, 오늘 안 좋은 일이 있었겠지 싶다. 저 사람도 부모에게는 눈에 넣어도 안 아플 자식이라는 생각까지 뻗어 나가고, 왠지 안쓰러운 마음도 든다. 이런 것이 인류애인가.

〈고백부부〉라는 드라마가 있다. 한참 유행했던 '타임 루프물(시간 여행을 소재로 한 SF의 하위 장르)'의 드라마다.

주인공 마진주(장나라)는 현실에서 2살 아이를 둔 아줌마였으나 18년 전의 과거로 가게 된다. 현실에서 지지고 볶고 싸우는 남편과 설레는 사랑을 되찾고, 일상의 감사함을 깨닫게 된다. 여러 에피소드 중 가장 기억에 남는

Part 4. 명랑 육아의 선물 – 육아에 명랑함을 더하면 벌어지는 마법

장면이 있다. 대학생이 된 마진주가 집안 형편이 어려워 혼자 자퇴하고 사라진 친구에게 하는 말이다.

"원래 그래. 원래 엄마 아빠는 힘들게 돈 벌고 자식은 팔자 좋게 공부하는 거야. 이런다고 니네 엄마 아빠가 '아이고 우리 딸 돈 벌어주네' 하고 좋아해? 어린 게 철이 뭐 그렇게 빨리 들어서."

진주는 엄마의 마음으로 친구를 대했다. '엄마'인 채로 과거로 와 보니 모든 것이 달라 보였다. 젖은 머리를 말려주고, 과일을 매일 갈아주는 엄마가 보인다. 아버지를 미워하는 키 큰 청년이 아들처럼 안쓰럽다. 과도한 무게를 지고 있는 철든 친구가 안쓰럽고 화도 난다. 자식은 자식다워야 한다고, 너의 그 모습을 보고 부모는 더 무너진다고 다그친다.

아무래도 부모의 마음은 '헤아릴 줄' 아는 것이라는 생각이 든다. 사랑의 정점은 그 사람을 긍휼하게, 곧 불쌍하게 여기는 것이라 한다. 엄마가 되니 이 사람도 저 사람도 안쓰럽다. 잘해주고 싶고, 잘되었으면 좋겠다. 아줌마가 되고 얻은 이 넉넉한 '긍휼함'이 퍽 고맙고, 감사하다.

+

그렇지만 에릭남과 헨리는 역시 제 아들이었어야 합니다.

# 나이 먹음

내 일생에는 두 여성이 있다. 하나는 나의 엄마고 하나는 서영이다.

서영이는 나의 엄마가 하느님께 부탁하여 내게 보내주신 귀한 선물이다.

서영이는 나의 딸이요, 나와 뜻이 맞는 친구다. 또 내가 가장 존경하는 여성이다.

피천득 선생님의 수필 〈서영이〉의 일부분이다. 예전부터 피천득 선생님과 그의 글을 참 좋아했다. '그리워하는데도 한 번 만나고는 못 만나게 되기도 하고, 일생을 못 잊으면서도 아니 만나고 살기도 한다'라는 명문장은

174

들을 때마다 내 마음을 울렸다.

문인과 학자를 넘어 그분 자체를 좋아하게 된 계기가 있다. TV에서 그분의 인터뷰를 우연히 보고 나서다.

피천득 선생님은 딸에게 선물했던 인형을 진짜 아이처럼 돌보고 계셨다. 이름도 지어 주셨다. '난영'이다. 선생님은 인형이 잠들 때 눈이 부실까봐 안대를 씌워 주셨다. 목욕도 하고 빗질도 했다. 날씨에 맞게 여름에는 반팔을, 겨울에는 따뜻한 털옷을 갈아 입히신단다. 이 말씀을 하시며 아이처럼 해사하게 웃으셨다.

항상 설레는 마음으로 트리를 꾸미고, '비 더 레즈' 옷을 입고 광화문에서 응원을 하는 90대의 노장. 천부적인 언어 감각보다, 소박하고 순수한 성정 때문에 그를 더욱 좋아하게 되었다.

얼마 전 다시 한번 수필집을 읽었다. 딸에 대한 무한한 애정과 존경으로 딸에게 바치는 연서인 〈서영이〉라는 글이 예전과 달리 유독 눈에 띄었다. 피천득 선생님은 막내딸 서영이를 너무 사랑하셨다. 선생님도 영락없는 '딸 바보' 아빠였다. 뜻밖의 연결고리에 입가에 미소가 지어졌

Part 4. 명랑 육아의 선물 - 육아에 명랑함을 더하면 벌어지는 마법

다. 글을 읽으며 내가 자연스럽게 서영이도 되었다가 아빠도 되었다. 우리 아빠가 내게 하는 말 같고, 내가 딸에게 건네는 말 같았다.

선생님의 딸 서영이는 현재 보스턴대 물리학과 교수님으로 재직 중이시라 한다. 아버지의 사랑을 듬뿍 받은 여성 물리학자라니. 너무 매력적이다.

그는 말했다. 내가 늙고 서영이가 크면 함께 눈 내리는 서울 거리를 걷고 싶다고. 나도 그렇다. 딸이 크면 팔짱을 끼고 발을 맞추어 이 세상 구석구석을 함께 가고 싶다. 익숙하지 않은 뒷골목, 푸른 바다, 절경의 폭포, 끝이 안 보이는 지평선, 구름으로 그림자 진 하늘. 너와 함께 보고 싶은 것들이 가득하다. 아직은 작고 보드라운 네 발바닥으로 세상의 처음과 끝을 함께 가보고 싶다. 겨울 냄새 가득한 어느 날, 너와 앉아 차를 마시며 서로의 인생을 응원하고 싶다. 생각만 해도 마음이 잔잔히 일렁인다.

피천득 선생님처럼 90대에도 소년 같을 수 있다면, 네가 내 미래에 여전히 함께 있다면 늙어가는 것이 두렵지 않다는 생각이 든다. 설레기까지 한다. 너와 함께라면 나이 먹음도 너와 함께하는 처음의 행복이 될 테니 말이다.

# 응아 해도 예쁘고
# 쉬를 해도 예쁘고

어느 날 아이가 어린이집에서 배워 온 노래를 부른다.

오줌 싸도 예쁘고 응아 해도 예쁘고
잠을 자도 예쁘고 잠을 깨도 예쁘고
이리 보아도 예쁘고 저리 보아도 예쁘고
앙앙 울어도 예쁘고
얼럴럴러 둥개둥개 꽃 중의 꽃 우리 아가
얼럴럴러 둥개둥개 방 안의 꽃 우리 아가

달콤한 하이톤으로 쫑알쫑알 노래 부르는 아이를 보며 황홀경을 느꼈다. 단전에서부터 충만함이 올라온다.

행복에 젖는다. '넌 내 거 중에 최고. 내가 가진 것 중에 최고'라는 가요가 자동으로 떠오른다.

맞다. 응아 해도, 쉬를 해도, 울어도 예쁘다. 뭘 해도 예쁘다.

지나간 일이 기억났다. 아이가 싼 기저귀를 황홀하단 듯이 바라보며 "이것 봐! 예쁜 황금색 변이야. 진짜 예쁘지?"라고 친정 엄마에게 자랑스럽게 말했던 기억 말이다. 정말 한 치의 거짓도 없는 진심이었다(심지어 변 냄새도 달콤했다. 어른 밥 먹기 시작한 이후로는 차마 달콤하다고 까진 말할 수 없다. 엉덩이 씻어줄 때 잠깐 숨을 참는다는 것을 너만은 몰라야 한다).

네게 너무도 부족한 엄마였지만, 단 하나만은 자신 있었다. 너의 모든 행동이 내게는 기적 같았다. 네가 너무 예뻤다. 정신을 차려보면 언제나 네 볼을 쭉쭉 빨고 너를 안고 쉴 새 없이 만지고 있었다.

네가 "응"이라고 처음 대답을 했던 날, 환희에 차 썼던 글을 기억한다. 이 아이가 내게 대답을 하다니! 내 말을 이해하고 "응"이라고 대답을 해주다니! 내 말을 듣고 있었구나! 남들 다 하는 옹알이도 말도, 신기해서 매번 심장을 부여잡아야 했다.


　대학생이 되어 집을 떠나온 내게 엄마가 보내오셨던 메일에는 여느 때처럼 이런 말이 적혀 있었다.
　"아이구 예쁜 내 새끼. 내가 어떻게 너 같은 딸을 낳았을까."
　내가 아기였을 때도, 초등학생 때도, 대학생이 되었을 때도. 엄마는 날 보며 감탄하셨다. 자랑할 만한 것도, 딱히 예쁠 것도 없는 나를 가장 귀한 보물을 다루듯 어루만지며 매 순간 말씀하셨다.
　"예쁘다, 정말 예쁘다 내 새끼."


　사랑의 자욱이 가득 남은 나는, 어느새 똑같은 눈빛으로 똑같이 이야기한다.
　예쁘다, 정말 예쁘다. 사랑스러운 내 아기.


　응아 해도 예쁘고 쉬를 해도 예쁘고
　이리 봐도 예쁘고, 저리 봐도 예쁘다.

# 네가 나를
# 외면하는 그날에

언젠가 너도 방문을 닫고 들어가, 조용히 이어폰을 끼게 되는 날이 오겠지?

마음속에 있는 이야기를 내가 아닌 친구들에게 털어놓는 날들이.

일기장에는 엄마에게는 차마 이야기할 수 없는 혼자만의 비밀스러운 이야기들이 가득 차고, 엄마보다 더 보고 싶어 할 누군가가 생겨 많은 시간을 혼자 앓게 될 그런 날이.

언젠가 너는 나를 보고도 웃지 않고, 내게 짜증만 낼지도 몰라. 일부러 상처를 주려는 듯 밉게만 말해 서로

Part 4. 명랑 육아의 선물 - 육아에 명랑함을 더하면 벌어지는 마법

의 마음에 생채기를 남길지도 모르고. 한 몸 같았던 우리의 시간이 통째로 없어진 것처럼, 엄마인 나를 이유 없이 미워할지도 모르고.

사랑하는 유안아. 그래도 엄마는 언제나 기억할게.

네가 얼마나 깔깔 대며 잘 웃는 아이였는지.
민들레 홀씨를 보면 절대 지나치지 않고 모두 불어보는 너였다는 것을,
개미를 따라 허리를 굽혀 한참을 흙밭을 기어가도 지치지 않는 너였다는 것을.
경이로움으로 세상을 바라보았다는 것을.

세상 모든 만물을 사랑했던 너.
넌 지나가는 고양이, 들풀, 꽃, 열매, 돌멩이를 보물을 발견한 듯 손에 꽉 쥐고 잠시도 놓지 않았어.
이름 없는 작고 사소한 들풀도 너를 만나면 세상에서 가장 귀한 것으로 다시 태어나곤 했단다. 너는 그들에게 이름을 주고, 색깔을 주고, 존재를 주었어.
네 작은 두 팔로 나를 안아주면 어디에선가 봄바람이

부는 것처럼 너의 존재는 내게 완벽한 행복이고 감사였다는 것을. 작은 네가 얼마나 예쁘고 사랑스러웠는지, 단단하고 맑은 행복으로 이끌었는지 엄마가 잊지 않고 다 기억할게.

시간이 지난 어느 날, 작고 여리고 지켜주어야만 했던 아기는 곧 소녀가 되겠지. 키가 자라고 마음이 자라 문득 엄마의 부족한 점을 날카롭게 찾아내는 날이 온다 해도, 반짝이는 눈동자, 부드러웠던 네 살결, 서로가 있어 완벽했던 순간을 꺼내 쓰며 넉넉한 마음으로 널 다시 품어줄게.

깊어진 너의 고민에 때로는 내가 도움이 될 수 없을 정도로 무력할 때, 등 한번 함부로 쓰다듬어 줄 수 없을 만큼 네가 아픈 날이 오면 한 번쯤 기억했으면 좋겠어.

엄마는 부족하지만
매일 너의 행복을 고민하고
너와 함께 유쾌하고 명랑하게 생존하길 선택했다는 것을.

우리가 서로 외면하고 싶은 어떤 순간에도 마음속에 가득한 나의 이야기를 듣고 더운 마음으로 용서할 수 있는 서로가 되길 바라.

모든 날 모든 순간, 한순간도 놓치지 않고
너를 있는 그대로 사랑한단다.

# 그럴 수 있어!

육아계와 교육계는 상호 보완적이며 호환된다는 것이 업계의 비기(祕記).

교사의 영혼이 넝마주이가 될 때 방학이 오며, 엄마의 영혼이 탈곡기처럼 탈탈 털릴 때 개학을 한다고. 그런데 엄마이면서 교사인 나는 어찌하면 좋은가.

#진퇴양난 #사면초가 #낭패불감 #대략난감

감사한 것은, 엄마가 된 후 아이들을 대하는 내 눈이 확실히 달라졌다는 점이다. 제 몸 하나 건사하면 되던 가뿐한 시절. 열정이 넘쳤고, 아이들을 참 사랑했다. 아이들과 추억을 만들기 위해 다양한 활동을 했다.

185

미니 뷔페, 교실 올림픽, 영화 보기, 연극 만들기, 유튜브 찍기, 게임 창작 전문가 수준의 다양한 교실 게임들.

아이들과 있는 시간이 즐거웠다. "선생님은 진짜 행복해 보여요"라는 말을 수시로 들었다. 아이들의 눈높이에서 장난치는 것도 좋았다. 서로를 좋아했다.

엄마가 되니, 새로운 세상이 열렸다. 또 다른 세상이었다. 아이들 한 명 한 명을 둘러싼 그들의 가족이, 아이들의 자람이 보이기 시작했다. 안 보이던 것들이 보였다.

출근하느라 바쁜 엄마를 위해 아침을 스스로 챙겨 먹고, 설거지를 해놓는 아이의 기특함이 보인다. 안쓰럽고 눈물이 난다.

평소 동생이 싫고 귀찮다며 툴툴대지만, 늘 동생 반으로 가서 손을 잡고 집으로 돌아가는 아이의 의젓함이 보인다.

집에서는 먹지 않는 반찬을, 학교에서는 하나라도 꼭 먹어보려 노력하는 아이의 애씀이 보인다.

처음 만난 날 낯을 가리며 인사를 잘 하지 못하던 아이가, 모둠 활동을 하며 웃고 있는 모습을 보며 가슴을 쓸어내린다. 적응하기까지 시간이 많이 걸리는 아이인

데, 이제 좀 편해졌나보다. 잘되었다. 정말 잘되었다.

아이들을 보는 시선 중 가장 달라진 것이 또 있다.
'그럴 수 있어'의 마음이다.
맥락도 없이 뜬금없이 우는 아이도, 아침부터 기분이
좋지 않아 짜증을 내는 아이도 '그럴 수 있어'의 마음으
로 편하게 보게 되었다. 아이니까 그럴 수 있지. 엄마에
게 아침부터 혼났을 수도 있고, 스트레스 받는 일이 많
을 수도 있으니까.

정작 우리 딸을 보면서는 두려움을 느끼기도 한다. 참
아이러니다. 역시 내 새끼와 남의 새끼는 바꿔 키워야
하는가. 한참 미운 4살을 지나고 있는 아이를 보며 망상
에 가까운 두려움을 쏟아낸다.

아니, 저렇게 화와 짜증이 많다니! 타노스처럼 우주
대재앙을 가져오는 자가 되면 어쩌나.
왜 저렇게 마음대로 하지? 모두에게 손절 당하고, 인
류에 고립된 채 곡기를 끊고 사는 히키코모리가 되는 거
아니야?

187

망상력이 지나치구나. 슬며시 웃음이 난다. 우리 집 아이도, 저 집 아이도 충분히 그럴 수 있다. 잘 와닿지 않을 때는 양희은에 빙의해 코에 비음을 잔뜩 넣는다. 한껏 소리 높여 외친다.

'그럴 수 있지. 그럴 수 있어!'

# 돌아와 쉴 넉넉한
# 품을 내어줄게

어린이집에 가는 것을 좋아하는 아이지만 위기는 항상 있다. 가끔 아이가 큰 눈에 눈물을 가득 머금고 말한다. 벌써 입술이 삐죽삐죽하다.

"엄마. 친구가 나랑 안 논다고 했어요."

"그랬구나. 친구가 안 논다고 했어?"

"네, 유안이 너무 슬퍼."

"우리 딸 많이 속상하겠다. 친구는 다른 것을 먼저 하고 싶었나 봐. 유안이도 혼자 다른 것 하고 싶을 때가 있지? 친구도 그랬나 봐."

"힝. 속상해."

딸은 어렸을 때부터 친구를 참 좋아했다. 아주 아가였을 시절부터, 친구가 보이면 껴안고 달려가느라 옆에서 계속 지켜봐야 했다. 친구를 보면 무조건 안고 뽀뽀하는 사랑둥이였다. 그래서인지, 친구와 작은 트러블이 생겨도 힘들어했다. 마음이 쓰이고 아팠다. 아이의 마음을 어루만졌다. 할 수만 있다면 내가 직접 겪어주고 싶었다. 물론 그럴 수 없었다.

친구는 다른 걸 먼저 하고 싶을 수도 있어.

누군가가 싫다고 해도, 그것을 표현하면 다른 사람은 기분이 많이 나쁠 거야.

지금 너와 시간을 보내기 싫어한다면, 우리는 우리가 기쁜 일을 하면 되는 거야.

친구 때문에 속상한 건, 네가 그만큼 사랑이 많은 사람이라는 뜻이야. 친구를 좋아하는 너의 예쁜 마음을 엄마는 응원해.

이왕이면 다정하고 친절하게 이야기하면, 모두 기분이 좋아질 거야.

누군가 널 좋아하지 않는대도 사실은 괜찮아. 넌 정말 귀하고 사랑스러운 존재니까.

아이에게 해주는 말은 실은 내게 해주는 말과도 같았다. 아이에게 하는 말이 유달리 내 마음을 울리고, 오랫동안 남아 있기도 했다. 어른인 나도 완벽히 잘 되지 않는데, 너는 얼마나 더 힘들까.

아이가 유독 속상해하던 날, 잠이 든 아이를 보며 아이의 볼과 머리를 오랫동안 쓰다듬으며 생각했다.

내가 할 일은, 네 앞에 놓인 돌부리를 일일이 치워주는 것이 아닌, 언제든 와서 쉴 넉넉한 품을 내어주는 것. 네 인생의 소나기를 내리지 않게 막아줄 수 없지만, 젖은 너의 몸을 녹이고 다시 쉬어갈 따뜻한 집이 되어줄게.

엄마가 되는 일은 분명 최고의 기쁨이자, 그만큼의 '마음 앓이'를 견디는 일일 것이다. 아이가 클수록 더 그렇다. 엄마 품에서 안전하게 내 아이만을 품던 시간을 지나, 아이 뒤에서 지켜보며 응원할 수밖에 없는 때를 분명 겪게 된다.

내 아이가 많이 다치지 않았으면, 슬프지 않았으면, 아프지 않았으면.

모든 엄마의 솔직한 바람이겠지만, 어디 그게 말처럼

쉬울까. 아이의 세상이 완벽하게 따뜻하고 안전할 수 없다는 것을 인정해야 한다. 힘들지만 받아들여야 한다. 아이를 그저 내버려두는 것은 아니다. 오히려, 아이의 마음속에 있는 단단한 내면의 힘을 우리는 믿어야 한다. 우리의 사랑이 아이에게 단단히 뿌리 내리고 있음을, 마음 근육이 자라고 있는 중임을 진심으로 믿어야 한다. 사랑의 눈으로, 아이를 안전히 받쳐주어야 한다.

대신 해줄 수는 없지만, 너의 아픔을 안전하게 받아주고 위로하는 단 하나의 존재가 되어줄게.

# 난 그대의
# 연예인

언젠가 누군가 내게 말했다. 그렇게 하루 종일 말하고 노래하면 힘들지 않냐고. 너는 라디오를 들을 필요가 없겠다고. 어떻게 그렇게 하냐고.

무슨 소리, 엄마가 되면 원래 그렇다. 누구나 아이가 태어나면 기본적으로 유랑예인의 삶을 살게 된다. 말 못하는 아이와 둘이 있는데 목 쉬어 본 엄마들 모여라! 내가 바로 태양의 서커스단이요, 슈퍼밴드요, 남사당패다.

사실 이전에는 일부러 '센티멘탈함'이란 가짜 감정을 만들어 향유하는 것을 꽤 즐기는 아이였다. 우울과 명랑을 수시로 물 타듯 넘나들었다. 내가 만든 안전한 세상

안에서 여러 감정을 사용하며 혼자 노는 것을 좋아했다. 명랑한 만큼 다른 감정도 충만하던 소녀였다. 그런데 아이가 태어나고 정말 많이 변했다. 우울함을 일부러 만들어내서 즐긴다고? 이 무슨 씨알도 안 먹히는 소리! 우울을 가짜로 만들어낼 필요가 없었고, 아이에게는 되도록 밝은 세상을 보여주고 싶었다.

그때부터 아이 앞에서의 '난리 블루스'가 시작되었다. 네가 있는 곳은 언제나 나의 무대였다. 관객은 오직 단 한 명. 나의 사랑 너의 사랑 우리 아기. 가수 싸이의 〈연예인〉을 방불케 했다.

나의 그대가 원한다면 어디든 나의 무대야.
그대의 연예인이 되어 항상 즐겁게 해줄게요.
연기와 노래 코메디까지 다 해줄게.
그대의 연예인이 되어 평생을 웃게 해줄게요.
언제나 처음 같은 마음으로.

괴물 소리 내고 허리를 꺾고 바닥을 굴렀다. 아이의 깔깔거리는 웃음 한 번 더 보고 싶어서. 매 순간 연극 무대에 서듯 책을 읽었다. 아이의 집중하는 눈빛 한 번 더 보고 싶어서. MBC 어린이 합창단 같은 낭랑한 목소리로 동요를 불렀다. 엄마의 밝은 목소리에서 힘을 얻었으면 해서.

평생 써본 적 없는 얼굴 근육을 골고루도, 구석구석 썼다. 내 웃긴 표정을 따라 하는 네 사랑스러움을 오래도록 더 보고 싶어서.

내가 낸 괴물 소리만큼, 바닥을 굴러다닌 만큼, 너의 앞에서 너를 웃게 하기 위해 애썼던 그 시간만큼 너는 훌쩍 자랐다. 누구보다 흥 많고 밝은 아이가 되었다. 때로는 감당이 안 될 만큼.

때로는 영화배우 같아.
때로는 코미디언 같아.
때로는 탤런트 같아.
때로는 가수 같아.
너의 기분에 따라 난.

물론 엄마가 항상 연예인 같을 필요는 없다. 꼭 아이

를 '즐겁게' 해줘야만 하는 것도 아니다. 그래도 할 수 있을 때는, 아이 앞에서 망가질 수 있는 엄마라는 자리가 참 좋다. 아직은 너를 웃게 할 수 있는 무소불위의 최강 자임에 감사하다.

네가 나를 보고 웃는다면, 얼마든지 언제까지라도 너의 연예인이 되어줄 수 있다. 내가 망가지는 것쯤 아무렇지 않다. 목이 쉬고 피곤하면 어떤가, 네가 이렇게 예쁘게 웃는데.

너를 슬프게 하는 사람 누구야.
우는 모습도 예뻐. 뭐야? 왜 우는데? 그러자 그녀가 웃는데.
항상 개인기와 신기한 이벤트 쇼쇼쇼.

오늘도 네 앞에서 사명감 넘치는 '난리 블루스'를 시전한다. 쇼쇼쇼!

# You really are a wonder

〈원더〉는 내가 참 좋아하는 영화다. 원더는 선천성 안면 기형을 가지고 특별하게 태어난 소년 '어기'의 이야기를 담고 있다. 어기는 태어난 후로 27번이나 성형 수술을 해야 했다. 홈스쿨링을 하던 어기는 온 가족의 힘을 받아 용감하게 학교라는 세상으로 나간다.

세상의 반응은 차가웠다. 첫날부터 남다른 외모로 화제의 주인공이 된다. 어기는 조롱과 놀림거리가 되었다. 사람들의 반응을 애써 무시하고 싶었지만 그럴 수 없었다. 두렵고 외로웠다. 얼굴을 가리는 헬멧 속으로 숨고, 도망가고 싶었다.

그러나 어기의 뒤에는 그를 사랑하고 응원하는 가족이 있었다. 눈을 마주치며 "You really are a wonder"라고 감탄하는 엄마가 있었다.

어기 엄마의 말은 언제나 깊은 울림을 준다. 엄마이기 때문에 우리는 이렇게 말할 수 있다. 자녀에게 말해주어야 한다. 너의 존재는 기적이라고, 넌 그 자체로 놀라운 존재라고, 엄마이기 때문에 내가 가장 잘 안다고. 엄마는 아이가 외로울 때도 초라할 때도, 아이를 힘써 감탄해야 한다.

누나 비아의 에피소드도 참 좋았다. 비아는 장애를 가지고 태어난 어기로 인해 세상이 동생 중심으로 돌아간다. 어기는 태양이고, 가족들은 그를 중심으로 돌아가는 행성이었다. 이렇게 식구들의 모든 관심이 어기에게 쏠릴 때, 유일하게 비아의 편이 되어준 사람은 할머니였다. 할머니는 어쩔 수 없이 뒷전이 된 비아에게 말한다.

"비아, 나는 세상에서 네가 제일 좋아.

누구보다 널 사랑해.

어기에게는 돌봐줄 천사가 많잖니. 너에게는 내가 있어.

나에게는 네가 제일이야."

해변가에서 비아의 눈을 보며 "너를 세상에서 가장 사랑한다"고 말해주는 할머니. 서로의 진한 눈 맞춤. 할머니는 비아의 절대적인 편이 되어준 유일한 사람이었다. 여러 번 봐도, 볼 때마다 눈물이 나는 장면이다.

비아는 자신을 무조건적으로 사랑해주는 한 사람이 있었기에 어기도 마음으로 끌어안을 수 있었다. 어기로 인해 힘들 부모님께 투정하지 않고 묵묵히 참아냈다. 부모님과 어기를 진심으로 사랑하는 속 깊은 딸이었다. 비아는 미란다가 보기에 질투가 날 만큼 매 순간 반짝였을 것이다.

나는 "네가 진짜 좋아. 너한테는 내가 있어"라는 말을 듣고 자란 아이는 힘들 때마다 그 말을 붙잡는다. 친한 친구였던 미란다가 이유도 없이 자신과 멀어지고, 갑작스레 혼자가 된 상황에서도 비아는 무너지지 않았다. 새롭게 연극에 도전했고, 저스틴이라는 새로운 남자친구도 사귀게 된다. 쉽지 않았지만 결국 견뎠다.

연약해 보였지만 실은 강한 자였던 비아와, 포기하지

않고 친절함을 선택했던 어기의 용기. 그들의 사랑의 힘은 결국 모두를 변화시켰다. 사랑의 온기는 계속 퍼져 나갔다.

무조건적으로 사랑받는 사람에게서 나는 빛, 든든한 내 편이 존재하는 사람의 당당함을 너에게도 주고 싶다. 선물하고 싶다.

너에게는 엄마가 있어.
나에게는 네가 제일이야.

# 인생 2회 차

엄마가 되고 너와 함께, 너의 걸음으로, 너의 시선으로 살게 되었다. 세상의 아름다움을 다시 느껴보라고 네가 태어난 것처럼, 나를 데리고 가는 너의 세상은 많은 시간 흥미로웠고 단단히 아름다웠다. 물론 때때로 권태롭기도 했지만.

개미가 허리를 구부리며 지나가는 길. 죽어 있는 지렁이. 풀잎이 아침 이슬의 무게에 고개를 숙이는 것. 수많은 하수구와 그 안을 가득 채운 그다지 보고 싶지 않은 그 무엇들.

살면서 이렇게 구석구석을 천천히 지켜본 적이 있었을까.

개미를 만나면 1시간은 꼼짝없이 만남을 기뻐해야 했다. 그곳이 흙바닥이건, 아스팔트건, 숲이건 상관없이 배를 깔고 누웠다. 옆에서 함께 자세를 낮추고 세상의 시간과 다르게 흘러가는 우리만의 온전한 리듬을 느꼈다.

빗속에 숨 쉬러 나온 지렁이의 움직임을 이렇게까지 천천히 지켜본 적 없었다. 지렁이의 어미라도 된 양, 주름 하나 움직임 하나 놓치지 않고 보았다. 살아 있는 지렁이는 물론, 하물며 죽어 있는 것까지.

네가 마주하는 세상은 경이와 감탄 그 자체였다. 세상의 그 어떤 이름 없는 것들도 네 눈을 만나면 반짝이는 것으로 바뀌었다.

'사랑하면 알게 되고 알면 보이나니, 그때 보이는 것은 전과 같지 않으리라.'

유홍준 선생님의《나의 문화유산 답사기》서문에 실린 글이다. 조선 정조 시절, 유한준이라는 문인이 남긴 문장을 유홍준이 현대적으로 각색한 것이라고 한다. 이런 배경지식이 없을지라도, 누구나 한 번쯤 들어본 적 있을 것이다.

몸과 마음이 가뿐하고 자유롭던 시절, 여행을 가면 꼭 저 말을 떠올렸다. 내가 알고, 사랑하는 만큼 새로운 세상을 볼 수 있다는 것에 늘 가슴이 설렜다.

아이를 낳고 엄마가 되며 이 말의 진짜 의미를 피부로 느끼게 되었다. 혜안과 통찰력에 놀랐다. 여행과는 또 다른 깊이였다.

아이를 기른다는 것은 결국 아이의 나이로 다시 사는 것이다. 엄마로 태어나, 아이의 나이로 다시 자란다. 진정한 인생 2회 차랄까. 너와 함께 살게 된 나의 2회 차 인생에서는, 전에는 보지 못했던 작고 하찮은 것에도 구석구석 애정을 담는다.

혼자서는 절대 가보지 않던 아파트 화단 뒤편, 고양이가 쉬를 해 얼룩진 담벼락, 거미줄 쳐진 낡은 운동 기구. 낡고 축축한 곳에서도 사랑은 한껏 피어나고, 생명을 가진 모든 것들은 각자 자신의 삶을 힘차게 굴린다.

　너와 함께 사랑하게 된 세상은 좀 더 따뜻하고 특별했다. 결코, 전과 같지 않았다. 모든 사람에게 비와 햇볕의 은혜를 공평히 준다는 사랑 많은 신의 마음을 아주 조금은 이해하게 되었다. 틀림없이 세상에 편만한 사랑을 주목하라고, 다시 느끼라고 선물처럼 준 인생일 것이다. 엄마가 되며 주어진 2회 차의 인생이 퍽 고맙고, 감사하다.

# 그래! 결심했어

내가 어렸을 때, 개그맨 이휘재가 나오는 〈인생 극장〉이라는 프로그램이 있었다. 선택의 기로에서 "그래, 결심했어!"를 외치며 삶을 결정하는 내용이었다.

순간의 선택이 인생을 바꾸고, 가보지 않은 길을 만든다. 나비의 날갯짓이 지구 반대편에서는 태풍을 만들어 낸다는 나비효과를 생각나게 한다.

아이를 기르다 보면, 매 순간 선택의 기로에 설 때가 많다.

어떤 기저귀 브랜드가 좋을까?

205

쏘서가 좋을까? 점퍼루가 좋을까?

이유식 용기는 어떤 것으로 할까?

최상의 젖병 & 젖꼭지 조합은 무엇인가?


주로 아이가 어렸을 때 하는 고민이다. 어떤 것을 선택해도 부담 없는 소소한 것들이다. 학령기가 되면 고민은 좀 더 무겁고 다채로워진다.


어린이집을 보낼까? 유치원을 보낼까?

유치원은 어떤 곳이 좋을까?

몬테소리, 숲 유치원, 영어 유치원, 성당 유치원. 이 많은 유치원 중 우리 아이에게 가장 좋은 기관은 어디일까?

집 근처 학교에 보낼까, 학군지로 갈까?

학군지로 간다면 이사를 가야 하는가? 간다면 몇 세 때가 좋은가?

전학을 가야 하는가?


학령기가 가까워질수록 부모의 고민은 깊어진다. 아이를 위한 선택은 가족 전체의 삶의 방향까지 결정짓는 경우가 많다. 부모는 무엇이 아이에게 가장 좋은 선택인지 매번 고민한다. 문제는 그 누구도 미래를 알 수 없다는 데 있다. 최대한 많은 데이터베이스를 찾아보지만, 사람들의 조언이 꼭 우리 아이에게 맞다는 보장은 없다. 이쯤 되면 미래를 점쳐 보고 싶다. 나 혼자만의 미래라면 부딪쳐 보겠는데, 아이의 일이기에 쉽사리 그럴 수 없다. 답답해진다.

인생 극장처럼 선택의 결과가 극단적인 변화를 일으킨다면, 무엇이든 신중하고 조심스러울 것이다. 삶의 선택권을 가진 엄마라는 자리가 부담스럽고 힘들 것이다.

취학, 이사, 방과 후 아이의 스케줄, 연애, 결혼, 사업. 인생은 매 순간이 선택의 연속이다. 신중하게 선택해야 하는 게 맞다. 다만 한 가지 기억해야 할 것은 우리에게는 선택을 되돌릴 기회가 있고, 내 아이에게는 '적응력'과 '자유 의지'가 존재한다는 점이다. 아이는 어떤 선택 안에서도 충분히 삶을 바꾸어갈 수 있다.

지하철 두 정거장을 지나쳤다면, 다시 내려서 돌아

올 수 있다. 길을 잘못 들면, 유턴해서 가면 된다. 아이가 간 학교가 처음에는 맞지 않았다 해서, 그것이 꼭 실패한 선택이 되는 것은 아니다. 어려운 상황을 극복하고 잘 적응할 여지가 반드시 존재한다.

나의 선택이 아이의 미래를 좌지우지하는 것 같아 마음이 무거울 때, 최상의 것을 잘 선택했는지 부담감이 들 때면 스스로에게 되뇌인다.

괜찮아, 조금 돌아가도 다음 선택에서 다잡을 수 있어.
우리는 어떤 선택지에서도 길을 만들 수 있어.

지나친 비장함으로 꽉 쥔 주먹을 펴고, 아이의 등을 한 번 더 쓸어 줘야지. 엉덩이 한 번 더 툭툭 쳐 주면서 말이다.

명랑 육아 필살 생존기

# 떨어져 있어도,
# 함께 있어도

외출을 했다 돌아오는 길. 지하 주차장에 차를 세우고 마음속에 넘실대는 감정을 토해낸다.

너를 안고 싶고, 뽀뽀하고 싶어.

주무르고, 껴안고, 침을 잔뜩 묻히며 너와 함께 있고 싶어.

100% 순도의 거짓 없는 진심이었다. 당장이라도 집으로 가면 아빠와 함께 놀고 있는 아이를 볼 수 있었지만 그렇게 하지 않는다. 집으로 돌아가지 않고, 한참이나 너의 사진을 뒤적거렸다. 잠시 떨어져 있으며 생긴 이

애틋한 그리움을 좀 더 즐기기로 했다.

누군가는 말할 수도 있다. 그게 뭐 하는 짓이냐. 그렇게 그리우면 당장 올라가면 되지 않냐고.

그러나 엄마들은 안다. 떨어져 있어도 함께 있어도 행복할 수 있다는 것을. 다행이다. 너로 인해 모든 순간 행복할 수 있어서. 떨어져 있을 때는 같이 있고 싶고, 같이 있을 때는 떨어져 있고 싶은 것이 아니라 이쪽저쪽에 모두 행복이 있다는 것을 알 수 있어서.

너에게 줄 사랑 탱크를 두둑히 주유하고, 마음을 굳게 먹고 집으로 향했다. 긴 복도를 뛰어오며 내 목에 팔을 감는 너의 감촉, 머리카락, 고소한 살냄새. 너를 안는 순간 안정감과 왠지 모를 안도감이 느껴진다.

잘 있었구나, 내 아기. 정말 보고 싶었어.

눈도장을 찍듯 머리부터 발끝까지 너를 눈에 담는다. 아이를 안고 킁킁 냄새를 맡는다. 왠지 이질감이 느껴지던 허물이 벗겨진다. 너의 엄마로 살 수 있어서 다행이다.

365일 24시간 징그러울 정도로 한 몸이 되어 살았던 오랜 시간을 지나, 이렇게 가끔씩은 나와 떨어져 주기도 하는 네가 퍽 고맙다. 가끔은 이렇게 떨어져도 좋지만, 그렇다고 또 너무 잘 떨어지진 말아 줄래. 엄마가 아직 준비가 안 되어서 말이야.

# 존재 그대로
# 사랑받는다는 것

모두에게 그런 순간이 있을 것이다. 마치 무거운 책가방을 멘 것처럼 어깨가 시큰거리고, 누군가 툭 치면 눈물이 나올 것 같은 날. 온몸에 눈물을 그렁그렁 담고 다니듯 금방이라도 넘쳐버릴 것 같은 날. 구겨진 종이처럼 아무리 펼쳐도 아픈 자욱이 가득 남아 있는 듯한 그런 날.

저마다 다른 목소리로 이야기한다. 누군가는 끓어오르는 화로, 누군가는 울음으로, 누군가는 미워함으로, 누군가는 스스로 고립됨으로 저마다 아파한다. 모두는 그저 사랑받고 싶다.

누군가 나를 좀 사랑해줬으면.

212

칭찬하지도 질책하지도 말고,

그저 이 모습 그대로 사랑해줬으면.


저마다의 깜깜하고 아픈 시간들 중에도, 존재 그대로 사랑받았던 기억은 그를 틀림없이 위로하고 일으켜 세우는 힘이 될 것이다.

뭘 잘해서가 아니라, 무언가를 해야 하기 때문이 아니라, 그냥 나이기 때문에 존재 자체로 사랑받는다는 사실을 아는 자는 때로 약해 보여도 가장 강한 자다.

그 따뜻함은 인생의 소나기를 헤쳐 나갈 힘이 된다. 이 소나기가 그치면 축축하게 젖은 마음마저 말릴 수 있는 밝은 햇빛이 나옴을 알고 그저 기다린다. 견딜 수 있다.


아이에게 주고 싶은 것은 그저 한 숨의 따뜻한 사랑.

숨 쉬듯 물 마시듯 자연스럽게 느낄 수 있는 한 숨의 더운 사랑.

언젠가 올 인생의 소나기를 견딜 수 있게 하는 온전히 사랑받았던 기억.

그 하루를 위해 어제와 같아 보이는 오늘에, 한껏 생기를 불어넣는다.

너를 깨우고, 씻기고, 너의 몸을 닦고 로션을 바르는 일.

　너의 옷을 빨고 섬유 유연제를 넣어

　향기로운 냄새가 배게 하는 일.

　흙 놀이로 꼬질꼬질했던 너의 운동화를 박박 닦아

　다시 하얗게 만드는 일.

　너와 허리를 구부려 함께 비비탄을 줍고

　눈을 맞추며 너의 목소리를 듣는 일.


　길가에서 큰 소리로 우는 너를 안고

　속상한 마음을 가만가만 들어주는 일.

　50번의 똑같은 물음에도 처음 해주는 말처럼 소리 높여 대답하는 일,

　역할놀이의 구렁텅이를 거부하지 않고

　온 힘으로 안간힘으로 진심으로 기뻐하기 위해 노력하는 일.


　이 별것 아닌 일상에 너를 향한 우리의 사랑이 새겨지길, 존재 그대로를 사랑하는 마음이 자연스레 전해지길 바라며 너와의 오늘을 손수 짓는다. 마음속에 환한 빛을

가져, 스스로 사랑의 빛을 내는 네가 되길 바라며.

김희동 선생님의 〈별 빛 아이〉를 떠올려본다.

사랑하는 아이야
너는 별이었단다
밝은 별이었단다
볏빛 아이

지금도 그렇단다
너는 빛이 난단다
너의 눈망울에서 빛나요

# 엄마라는 이름의
# 아름다운 우리에게

어렸을 때부터 '좋은 엄마'가 되는 것이 꿈이었다. 마음이 서로 잘 전달되는 온기 있는 가정에서 자랐고, 따뜻한 엄마의 모습을 보며 자연스레 꿈꿨다. 좋은 엄마가 될 수 있으리라 굳게 믿었다. 그렇게 사랑하는 사람과 결혼을 하고, 아기도 낳게 되었다.

출산 직후, 나의 교만했던 생각은 단 며칠 만에 무너졌다. 계속 우는 아기를 어찌해야 할지 몰랐다. 아기를 안고 조리사 선생님들이 있는 곳으로 울며 달려갔던 기억이 생생하다. 당혹스러웠다. 육아가 이렇게 힘든 것이었다니. 정말로 모든 사람이 다 이렇게 자라났다는 말이지? 거리를 걷는 모든 사람이 달라 보였다. 진기한 경험이었다. 엄마라는 자리는 참 귀했지만 내게도 결코 쉽지 않았다.

　미숙하지만 점차 엄마라는 이름을 받아들였다. 안 자면 안 자는 대로, 안 먹으면 안 먹는 대로 너의 흐름을 온전히 존중했다. 포물선을 그리듯 여유롭게 함께했다. 유유히 파도를 탔다. 나 또한 조금씩 변했다. 그곳에는 큰 행복과 가슴 벅찬 기쁨이 있었다. 처음 느껴보는 깊이의 걱정과 두려움도 밀려왔다. 다양한 색채의 감정이 자리했다. 예민한 아이와 함께였기에 모든 것이 조심스럽기도 했다. 생존 전략으로 힘써 명랑하길 선택했다. 어쩌면 세뇌에 가까운 선택이었는지 모른다. 명랑하기로 작정한 덕에, 너와 반짝이는 시간을 보낼 수 있었다. 밀도 있고 뜨거운 시간이었다.

　엄마가 되고 얻은 가장 큰 수확은 바로 사람에 대한 깊은 애정이다. 어떤 존재도 엄마가 열 달간 따뜻하게

에필로그

품고 있었다는 사실은 묘한 위로를 준다. 다행이다. 가장 연약하고 약할 때라도 모두 온전히 보호받았구나 싶어서. 많은 부분이 변했다. 포기한 것도 많다. 그런데도 난 또다시 엄마가 될 것 같다. 특히 너의 엄마가 되고 싶다.

깊은 애정으로 누군가의 하루를 따뜻하게 하는 것
지나치게 누군가를 걱정하는 것
나의 약함과 한계를 뛰어넘는 것
내가 할 수 없는 것을 하게 되는 것
그 어떤 작은 순간도 특별하게 만드는 것

세상을 지탱하고 아름답게 하는 힘, 사소하지만 매일 일어나는 기적들. 우리가 하는 일은 그런 것이다.

코로나19가 창궐하던 뜨거운 여름 글을 썼다. 더위를 잊은 두 달간의 작업이었다.

사랑하는 유안아. 훗날 나의 부족함으로 네 마음이 상하게 되더라도 가끔 꺼내 읽으며 정상참작 해주길 바란단다. 네가 얼마나 예뻤는지, 우리가 얼마나 사랑했는지 잊지 않기를. 우리 사랑둥이 알밤송이. 네 엄마가 되게 해줘서 정말 고마워.

나의 든든한 육아 어벤져스 남편, 헌신적인 모습 언제나 고마워요. 사랑하는 엄마 아빠. 사랑의 기원이 되어 주셔서, 제 삶에 깊은 사랑의 흔적을 남겨 주셔서 늘 감사합니다. 귀여운 일러스트로 책에 온기를 더해준 고마운 지민이, 소중한 동생 철훈이와 수진이 (귀염둥이 예나), 함께 고생한 편집자님께도 사랑과 감사를 전합니다.

마지막으로 이 글을 읽어주신 가장 감사한 그대들. 아이에게 주는 사랑만큼 우리는 참 아름다운 존재다. 엄마라는 이유로 만나게 된 그대들을 꼭 안아주고 싶다. 가장 따뜻한 시선으로 그대들의 삶을 힘차게 응원하고 싶다.

에필로그

# 명랑 육아 필살 생존기

제1판 1쇄 | 2021년 10월 30일

지은이 | 김희연
펴낸이 | 유근석
펴낸곳 | 한국경제신문*i*
기획제작 | (주)두드림미디어
책임편집 | 이향선, 배성분    디자인 | 얼앤똘비악earl_tolbiac@naver.com

주소 | 서울특별시 중구 청파로 463
기획출판팀 | 02-333-3577
E-mail | dodreamedia@naver.com
등록 | 제 2-315(1967. 5. 15)

ISBN  978-89-475-4753-6 (03180)

**책 내용에 관한 궁금증은 표지 앞날개에 있는 저자의 이메일이나
저자의 각종 SNS 연락처로 문의해주시길 바랍니다.**